网络舆情学

曾胜泉　文远竹　鲁钇山⊙著

SPM

南方出版传媒

广东人民出版社

·广州·

图书在版编目（CIP）数据

网络舆情学 / 曾胜泉，文远竹，鲁钇山著．—广州：广东人民出版社，2021.5（2022.2重印）
ISBN 978-7-218-15006-2

Ⅰ.①网… Ⅱ.①曾… ②文… ③鲁… Ⅲ.①互联网络—舆论—研究—中国 Ⅳ.①G219.2

中国版本图书馆CIP数据核字（2021）第084262号

wangluo yuqing xue

网络舆情学

曾胜泉 文远竹 鲁钇山 著

出 版 人：肖风华

责任编辑：陈 晔 皮亚军
装帧设计：友间文化
责任技编：吴彦斌

出版发行：广东人民出版社
地　　址：广州市海珠区新港西路204号2号楼（邮政编码：510300）
电　　话：（020）85716809（总编室）
传　　真：（020）85716872
网　　址：http://www.gdpph.com
印　　刷：恒美印务（广州）有限公司
开　　本：787mm×1092mm　1/16
印　　张：15.5　字　数：204千
版　　次：2021年5月第1版
印　　次：2022年2月第2次印刷
定　　价：72.00元

如发现印装质量问题，影响阅读，请与出版社（020-85716849）联系调换。
售书热线：（020）85716826

序　言

　　我国自1994年全功能接入国际互联网以来，已快速发展成为网站和网民数量世界第一的网络大国。政治、经济、文化、社会、生态、国防等领域已与互联网深度融合，人们的学习、工作、生活、娱乐也与网络密不可分。即时通信、搜索引擎、社交媒体、自媒体、网络直播、音视频平台、资讯客户端等各类互联网应用，已经成为人们生产、传播、获取信息的主渠道，参与社会事务、监督公共权力、表达意见诉求的主平台。互联网因其强力推动并深刻影响经济、社会的转型发展而成为"变化的中心"和"最大的变量"，在多个层面改变了公众的思想观念、行为习惯和生活方式，重塑了经济运行模式、社会群体结构和文化传播路径，既产生着发展、进步的巨大正能量，也带来了分裂、伤害的严重负效应，堪称是一把不易驾驭又必须善用的"双刃剑"。

　　特别是随着互联网应用的媒体属性和舆论动员功能日益凸显，其信息发布、议题设置、组织发动等作用不断强化，社会矛盾问题容易被传导、放大、操纵和激化，以致网上舆情事件频繁发生，有的发展为网下群体行动，甚至被敌对势力插手利用，危及我国社会政治稳定和意识形态安全。如，2020年初新冠肺炎疫情暴发后，谣言信息、传闻猜测、错误言论层出不穷，紧张、焦虑、恐慌情绪四处蔓延，以美国为首的一些西方国家及其网络舆论平台趁机大肆造谣传谣、攻击抹黑，捏造散布各种病毒阴谋论，质疑否定我国疫情防控措施，企图瓦解民众抗疫信心和斗志。面对混淆视听、制造矛盾、涣散人心的"政治病毒"和"舆论病毒"，在党中央坚强领导下，各级党委政府和媒体沉着应对，及时准确发布权威信息，公开透明回应社会关切，科学合理疏导公众情绪，依法依规维护传播秩序，迅速扭转疫情初期网络舆情应对的被动局面，牢牢掌握网上舆论主动权、主导权和管理权，形成坚定信心、同舟共济、共克疫魔的主流舆论强势，为统筹推进疫情防控和经济社会发展提供了有力舆论支撑。

人民网舆情数据中心的统计分析显示，自2008年以来，我国几乎所有重大社会事件的萌发、演变和消退，都离不开网络舆情的强大推力。网络舆情的发生率之高、杀伤力之大，由此可见一斑。事实证明，互联网已经成为舆情事件的易发地、多发地、高发地，成为舆论斗争的主阵地、主战场、最前沿，是我们面临的最大变量；没有网络安全就没有国家安全，就没有经济、社会的稳定运行，广大人民群众的利益也难以得到保障；过不了互联网这一关，就过不了长期执政这一关。因此，我们必须把网上舆论工作作为宣传思想工作的重中之重来抓，科学认识网络传播规律，准确把握网上舆情生成演化机理，提高舆论引导时度效，构建网上网下同心圆，巩固全党全国人民团结奋斗的共同思想基础，使互联网这个最大变量变成事业发展的最大增量。

党的十九届四中全会把巩固全体人民团结奋斗的共同思想基础、保持社会稳定、维护国家安全等重大任务，作为部署推进国家治理体系和治理能力现代化的重要内容。网络舆情治理在防范化解社会矛盾风险、维护政治安全和意识形态安全等方面发挥着重要作用，无疑是国家治理体系和治理能力现代化的题中应有之义。如何科学有效应对网络舆情，依法维护社会、政治、经济稳定以及公民、法人权益，已然成为党政机关、企事业单位乃至个人在互联网时代无法回避的重大现实课题。当前，我国正全力推进国家治理体系和治理能力现代化，网络舆情的学科建设迎来历史机遇，亟待乘势而上、以尽其用。

为此，我们要坚持以习近平新时代中国特色社会主义思想特别是关于网络强国的重要思想为指导，坚持马克思主义立场、观点和方法，坚持需求导向和问题导向，体现时代性、原创性、系统性、学术性、本土性、开放性等特点，尽快创建符合中国实际、具有中国特色的网络舆情学，研究好、回答好网络舆情治理实践的重大理论和现实问题，培养大批理论研究和实践应用人才，为科学高效治理网络舆情提供学科支撑。

笔者认为，网络舆情学应当是一门顺应网络社会发展需要、理论与实践紧密结合、侧重于应用性研究的前沿学科。它既要研究网络舆情现象和规律，又要解析基础性问题、提炼标识性概念，以一系列高水准、集成性的学术成果，打造成体系完备、理论成熟的独立学科。为此，必须立足国情和网情，科学揭示网络舆情生成演变的内在规律，丰富发展中国网络舆情治理的概念体系、理论体系和策略方法，从而形成具有中国特色的网络舆情学学科体系、学术体系和话语体系。具体可从以下三个方面进行探讨：

一是从研究方向看，应把握我国网络舆情的发展脉络、形成要素和表现特征，建构网络舆情学概念体系和内容框架，形成标识性学术概念和原创性理论观点，为学科定位和长远发展奠定理论基础。

二是从研究内容看，应聚焦我国网络舆情的内在机理、突出问题和发展趋势，探寻网络舆情的生成原因、演化规律，分析舆情主体的心理特征、行为方式，构建网络舆情监测搜集和预防预警指标体系，完善网络舆情风险评估和协同处置机制，总结网络舆情应对的经验教训和战略战术，力争以自主性、独创性、引领性的研究成果支撑学科发展。

三是从研究方法看，应立足党政机构、企业和个人的网络舆情应对实践，通过典型案例分析，从经验层面探究网络舆情的生成、演变、传播及其背后的影响因素；应打破学科界限，促进跨学科交叉研究，吸收新闻学、传播学、政治学、社会学、心理学、公共管理学、计算机科学、图书情报学等学科相关理论，全面准确把握网络舆情治理手段与治理效能之间的内在关系；应拓展国际视野，保持开放心态，借鉴国外舆情研究的前沿理论和一流成果，使我国网络舆情学的学科建设进入世界领先水平。

创建新时代中国特色网络舆情学，是广东舆情工作者的共同愿望。众所周知，广东是媒体大省和互联网大省，地处改革开放和对敌斗争前沿，重大改革举措在这里先行先试，新的矛盾问题在这里较早暴露，全球思想文化在这里频繁交锋……这些因素决定了广东处在网络舆情博弈的风口浪尖，也是境外敌对势力利用网络渗透破坏的首冲之地。广东社会各界迫切需要树立强烈的舆情风险意识，练就过硬的应对处置本领，牢牢守好政治安全和意识形态安全"南大门"。故此，笔者紧密结合新的时代条件和实践要求，在7年前出版的畅销书《网络舆情应对技巧》的基础上，于2018年开始策划《网络舆情学》内容框架，工作之余思考撰写，并于今年初完成书稿，以期实现从实践经验到理论认识的飞跃。

笔者希望，依照上述思路探索研究，能够编写出一部可以科学指导网络舆情治理实践、具有推广应用价值的普适性教材。为此，笔者邀请了两位具有丰富新闻采编实践和新媒体管理经验、熟悉网络传播理论和实务的专家学者合著本书。

诚然，限于作者能力和水平，本书难免存在诸多不足，敬请大家不吝批评指正。

2021年1月于广州

目 录

导论 网络舆情学概述

任何学术概念的提出和学科的诞生，都有其鲜明的时代背景和迫切的现实需要。随着互联网信息技术的发展和网络社会的到来，公众的民主意识、法律意识、权利意识和监督意识大为增强，将现实矛盾问题诉诸网络而萌发的舆情事件越来越多，对社会、政治、经济、文化等领域的危害日益凸显。无论是党政部门、企事业单位，还是社会组织和团体，都更加重视网络舆情工作，急切需要专业人士提供监测预警、防范化解、危机管控等服务，这对网络舆情研究产生了极大的推动作用，也提出了新的更高要求。如何科学认识和把握舆情、怎样准确定义网络舆情及网络舆情学的概念和内涵，已经成为网络舆情基础理论研究者多年来的主攻方向和重点任务，为我国网络舆情学的诞生和发展奠定了坚实的理论基础。

第一节 起源与现状

本节将从网络舆情的内涵演变、研究轨迹等视角，梳理探讨网络舆情学的形成发展脉络，以帮助我们全面深入地认识和理解这门新学科。

一、网络舆情的概念和内涵发展演变探析

一门学科的来历，是以它的概念和命题的出处标识的。弄清了这些概

念和命题的形成、演变、延续过程，就弄清了这门学科体系的源流问题。因此，要弄清网络舆情学从哪里来，必须从学术创造的历史积累中，去回溯和探析网络舆情概念的形成发展过程及相关研究现状。

（一）舆情的词义辨析

在古代，"舆"最初是指一种车。《说文解字·车部》："舆，车舆也。"①《周礼·考工记·舆人》："舆人为车。""舆人"即为造车工人。春秋末期，"舆"演化为轿子，"舆人"指抬轿子的人，后逐渐演变为普通百姓的代名词。关于"情"字，《礼记·礼运》："何谓人情？喜怒哀惧爱恶欲，七者。"把人的感情归纳为喜、怒、哀、惧、爱、恶、欲等七种，这也是人的七种基本情绪。舆情作为一个词汇最早出现于唐昭宗在897年的一封诏书中："朕采于群议，询彼舆情，有冀小康，遂登大用。"②此后，舆情一词在古代文献中出现频率逐渐增多，如南唐诗人李中在其《献乔侍郎》一诗中有："格论思名士，舆情渴直臣。"宋代秦观所作的《与苏公先生简》一文中写道："伏乞为国自重，下慰舆情。"明代刘基在其作的《处州分元帅府同知副都元帅石末公德政碑颂》一文中写有："予既敬公德，又重父老请，于是述舆情而颂之。"清代李鸿章1873年奏请在天津建曾国藩专祠，奏折中写道："仰恳天恩，俯赐照准，以顺舆情。"此奏折后来成了该专祠的碑文。有学者对《文渊阁四库全书》电子版进行全文检索，舆情一词共出现1100余次。③

对于中国历史上舆情所对应的词义，有学者做了深入分析。张文英认为，康熙时期舆情主要指民众的意愿、态度、民间疾苦、民间情况，也可泛

---

① ［汉］许慎撰，［清］段玉裁注：《说文解字注》，上海：上海古籍出版社，1981年。
② ［后晋］刘昫等撰：《旧唐书》卷一百七十七，北京：中华书局，1975年。
③ 刘毅：《网络舆情研究概论》，天津：天津人民出版社，2007年，第1页。

指民众；[①]冯希莹认为，中国古代舆情最主要的内涵是老百姓的意见、态度及民众的情绪、情感。[②]这种解释主要是基于中国封建统治时期，民众无法公开谈论政治，而只能以喜、怒、哀、乐、愁、思等情绪表达对统治阶级的态度。而在《辞源》（修订本）中，舆情被解释为"民众的意愿"；在《现代汉语词典》（第7版）中，则被解释为"公众的意见和态度"。由此可见，舆情的含义主要指民众的情绪、意愿、态度、意见等。

在国外，没有与舆情完全等同的词，含义较为相近的为公众意见、民意。18世纪法国启蒙思想家卢梭首次提出把"公众＋意见"合成为一个词"Opinion Publique"，之后《牛津英语大词典》出现"Public Opinion"（公众意见）一词。《大英百科全书》对于Public Opinion的解释可以翻译为：公众意见是通过特定社区或群体对个体就某一特定话题的看法、态度和理念的整体表达。[③]西方较早研究民意且公认具有代表性的著作是劳伦斯·洛厄尔（Lawrence Lowell）在1913年出版的《民意与民治》（*Public Opinion and Popular Government*）和沃尔特·李普曼（Walter Lippmann）在1922年出版的《民意》（*Public Opinion*）。

（二）舆情定义的几种学术界定

舆情一词虽然在我国早已出现，但作为研究范畴的舆情概念被确立却只有10多年时间。最早界定舆情概念的，是时任天津社会科学院舆情研究所所长、首席研究员王来华，他在2003年出版的《舆情研究概论》一书中作此定义：舆情是指作为主体的民众对作为客体的国家管理者产生和持有的社会政治态度。简而言之，舆情就是指民众的社会政治态度。[④]该定义

---

① 张文英：《康熙时期对"舆情"的使用及其研究》，《理论界》，2010年第9期。
② 冯希莹：《舆情概念辨析》，《社会工作》，2011年第10期。
③ 大英百科全书在线：http://britannica.com/topic/public-opinion。
④ 王来华：《舆情研究概论》，天津：天津社会科学院出版社，2003年，第32页。

具有较强的理论价值与现实意义，对后来的舆情基础理论研究及舆情信息工作实践产生了较大影响。之后，不断有学者与时俱进，力求探索界定出更符合当代中国舆情发展客观实际的舆情定义。

中国经济体制改革研究会互联网与新经济专业委员会主任、人民网舆情监测室原秘书长祝华新，作为中国舆情应对理论与实践结合的首创者之一，从人民网新闻报道与舆情监测研判工作的角度，认为舆情是公众对客观事物和社会进程的认知评价。而舆情概念的引入，提示新闻传播不能完全依赖记者的眼光，还需体现公众对新闻时事和公共事务的价值取向和情感判断。在"大众麦克风时代"的舆情演变中，专业媒体的报道只是传播的一个节点，公众的关注和"围观"才是决定民意走向更重要的因素。笔者在2012年出版的全国第一本突发事件舆情应对理论与实战手册《突发事件舆情应对指南》中认为，民意是舆情的基础，舆情是民意的"晴雨表"，但舆情未必能准确、客观、全面地反映民意，具有一定的偏差性，故并不等同于民意。笔者在书中率先提出了突发事件新闻发布的"黄金两小时法则"，目的就是呼吁涉事主体及时发布权威信息，避免不实舆情绑架民意，干扰事件处置。

学院派专家关于舆情概念亦有大量研究。北京师范大学新闻传播学院执行院长、教授喻国明认为，舆情是"社会的皮肤"，也被称为"社会时势的晴雨表"，它的构成成分是多层次、多元素的，而它的发生是由现实的社会问题、社会矛盾所决定的。[1]中山大学传播与设计学院教授张志安认为，舆情很复杂，单纯研究几千万网民的意见，都不足以代表人民的认知，必须是网上网下、事件舆情和话题舆情结合在一起，才可以准确认

---

① 喻国明：《网络舆情治理的基本逻辑与规制构建》，《探索与争鸣》，2016年第10期。

知。暨南大学公共管理学院院长蔡立辉认为，舆情是一定时期、一定范围内社会公众对社会现实中带有一定影响力的"焦点""热点"问题的主观反映或者有明确态度的意见与言论，是群体性思想、心理、情绪、意见和要求的综合表现。[1]南京大学新闻传播学系原主任丁柏铨则提出，"舆情即民意情况，涉及公众对社会生活中各个方面的问题尤其是热点问题的公开意见或情绪反应"[2]。

国家信息中心副研究员孙立明在2016年提出：舆情就是社情民意，至少包括了公众对公共问题的情绪、态度、意见三个方面的内容，而且它们经常一同出现在网民的表达实践之中。[3]国内首家从专业媒体角度专注"治理现代化"研究领域的复合型智库南方报业舆情数据研究院创院秘书长、广东省互联网＋大数据发展研究中心主任、华韶数据谷研究院执行院长蓝云认为，舆情是一种适度集约化、尚未完全结论化的信息，是较多群众关于社会中各种现象、问题所表达的信念、态度、意见和情绪等表现的总和。[4]

也有学者从心理学的角度解析舆情。如，沃民高科沃德网情研究院首席研究员齐中祥认为，舆情的本质是公众的社会心理在"可见"形式下寻求的表达。[5]

此外，还有许多学者从广义上界定舆情概念，认为舆情通俗地讲就是

---

① 蔡立辉、杨欣翯：《大数据在社会舆情监测与决策制定中的应用研究》，《行政论坛》，2015年第2期。
② 丁柏铨：《略论舆情——兼及它与舆论、新闻的关系》，《新闻记者》，2007年第6期。
③ 孙立明：《网络舆情的三个世界——社会情绪、民意表达与话语权博弈的三维分析》，《信息化研究》，2016年第20期。
④ 蓝云：《中国特色新型智库助推"现代化"》，载南方舆情研究院、暨南大学舆情与社会管理研究中心：《粤治新篇——政府治理能力现代化的广东实践（2013—2014）》，北京：人民出版社，2015年，第3页。
⑤ 齐中祥、徐发波：《舆情学》，南京：江苏人民出版社，2015年，第2页。

社情民意，是指社会各阶层民众对社会存在和发展所持有的情绪、态度、看法、意见和行为倾向。[①]

综上可见，有关学者在给舆情下定义时，虽然概念取义和属性表述不尽一致，但基本内容都离不开"公众""态度、意见、情绪""社会问题、公共事件、社会现象"等要素。因此，要准确定义舆情，首先要弄清构成舆情的要素及其内涵。从舆情的词义看，"舆"指公众，是舆情的主体要素。对此，无论学界还是业界都一致认同。"情"指人的情绪，是构成舆情的客体要素。人的任何情绪，都是其内心情感的表达，包括肢体、语言、动作、态度、声音等。情绪既是对外界事物的主观感受，又是客观生理反应，它影响人的意志和行动，具有目的性，也是一种社会表达。而情绪的形成必有诱因，这是构成舆情的源体，具体表现为公众关注或与其自身利益相关的公共事件或现象、人物。

综上辨析，本书认同这一概念：舆情是公众对公共事件（或现象、人物）的情绪、情感、立场、观点、态度、意见和行为倾向。另需说明，只有引发公众广泛关注的信息才是舆情，少数人的意见表达不能算作舆情信息。

（三）舆情与舆论、舆论场的关系

厘清舆情与舆论、舆论场之间的关系，有利于做好舆情研究工作。

"舆论"是学术用语，是"公共舆论"的简称，自20世纪50年代起社会学和传播学就有研究，指"大众对某个公共议题的关注和意见"。《中国大百科全书·新闻出版》的"舆论"专条中释义为"公众的意见或言论"。舆论之"论"，在古汉语中通"伦"，原指条理。古代书籍的写作体例分为著作、编述、钞（抄）纂三大类，由钞（抄）纂而成的书籍，古人称为

[①] 中共中央宣传部舆情信息局：《舆情信息工作概论》，北京：学习出版社，2006年，第6页。

"论"。当今舆论是指公众在某时间与地点对某行为公开表达的内容与基本趋于一致的信念、意见和态度的总和。

舆情与舆论最大的区分在于向度。舆情是公众对公共事件或人物多向度的意见的总和；舆论则是公众对公共事件或人物相对一致的意见，是单种意见的集合，属单向度。[1]对一起具体事件而言，公众的多元意见、观点、情绪的呈现与走向是一种动态过程，会有起伏，最终会形成共识，过程更多呈现为舆情，结果更多呈现为舆论。此外，舆情作为公众意见的集结，有其客观属性，不依主体的价值、道德评判而左右其存在或演化，用"真实舆情""失实舆情"等客观性判断会更准确。舆论则包含一定的人为意志和政治属性，可以有正负、好坏之分。

在演化层面，通过公众讨论、事件处置、媒体传播、主体博弈等内向力量，舆情将被引导、演化。当舆情产生聚集时就可以向舆论转化，这种转化，除主体的自身因素外，很大程度上取决于外部环境。一般情况下，舆论需要舆情的支撑，也总是由舆情发展而来，但舆情不一定能上升到舆论，可通过有效疏导消除在萌芽状态。舆情引导的目标就是要使舆情不转化为舆论，或转化为良性舆论。目前官方和媒体更常使用"舆论引导"的表述，但两者含义有所不同。舆论引导是指媒体，尤其是有影响力的主流媒体，形成相对一致的意见，短时间内集合成一股外向性力量，以此引导、带动社会各方，达成相对一致的行为。

综上分析，我们认为舆情与舆论的区别在于：舆情具有不确定性、过程性、模糊性，舆论则具有确定性、结果性、立场性；舆论由舆情发展而

---

[1] 南方舆情研究院、暨南大学舆情与社会管理研究中心：《粤治新篇——政府治理能力现代化的广东实践（2013—2014）》，北京：人民出版社，2015年，第159—161页。

来，需要舆情的支撑，但舆情不一定能上升到舆论。

"舆论场"一词源自新华社原总编辑南振中，他于2011年7月撰文指出：在当下客观存在两个舆论场，一个是党报、电视台、通讯社等主流媒体舆论场，忠实宣传党和政府的方针政策，传播社会主义核心价值观；一个是依托于口口相传特别是互联网的民间舆论场。[①]

"场"原本是物理学的术语，指物体在空间中的分布情况。舆论场是舆论形成的机制、空间、规律的综合体，有组织中心、话语体系、指令系统、运转通道、运营模式、人员组成、退出机制等要素。随着社会发展、形势变化，目前影响中国民众的舆论场上升到3.5个，前两个与南振中先生说法一致，第3个是以美国有线电视新闻网（CNN）、英国广播公司（BBC）、《纽约时报》等为代表的国际媒体，第3.5个是指数量众多、影响力不一的海外华文网站。由于技术平台、信息传播等限制，第3个、第3.5个舆论场以往对中国民众的影响力有限，可以视同不存在。但随着全球化、网络化的进一步推进，国内多元化传播格局的进一步巩固，3.5个舆论场共同发力的叠加效应更加明显，[②]网络舆情形势将更为复杂严峻。

分析舆论场，其中一个要诀就是研究话语体系。同样的意思，同样一句话，在不同的舆论场会使用不同的表达方式。不同的话语体系，有其身份识别、价值认同、文本加密等功能。只有弄清舆论场在哪里，了解舆论场的公众组成、话语规则、传播渠道等情况，才能做好舆情监测分析、引导应对等舆情研究工作。

① 陈芳：《再谈"两个舆论场"——访外事委员会副主任委员、全国人大常委会委员、新华社原总编辑南振中》，《中国记者》，2013年第1期。
② 南方舆情研究院、暨南大学舆情与社会管理研究中心：《粤治新篇——政府治理能力现代化的广东实践（2013—2014）》，北京：人民出版社，2015年，第160页。

（四）网络舆情的概念及构成要素

网络舆情伴随网络信息技术而生，庞大的网民数量、丰富的表达平台，已然使网络成为舆情生成、传播、汇集最为重要的阵地，成为网民评议公共事务、影响政府决策最为有效的媒介。美国传播学学者约瑟夫·克拉伯指出，在从过去的大众媒体向网络社会化媒介转移的过程中，中国当代的互联网受众正在享有网络舆情的便利和自由，并且积极地从网络舆情带来的权利中受益。[①]网络已经成为广大网民进行情绪表达的重要场所，网络舆情对网络治理的影响日益凸显。

关于网络舆情的概念，目前学术界仍未有公认的权威表述。有研究机构认为，网络舆情是社会舆情的一个组成部分，是社会舆情在互联网上的一种反映，是媒体或网民借助互联网对某一焦点问题、社会公共事务等所表现出的具有一定影响力或带有某种倾向性的意见或者言论。[②]北京师范大学新闻传播学院执行院长、教授喻国明认为，网络舆情是指民众通过互联网针对自己所关心或与自身权益紧密相关的公共事件、社会现象等作出的主观反应，是多种态度、意见等交互的综合表现，具有自由、情绪化、分散、即时、多变等特点，在一些社会热点问题上容易引发较为广泛的社会影响，尤其是负面影响。[③]人民网舆情监测室常务副秘书长单学刚认为，中国的网络舆情有广义和狭义之分，广义的网络舆情指一切来自网络媒体，包括官方新闻网站所反映的声音；狭义的网络舆情指由网民自发参与、主动发表和推动的舆情。中山大学教授周如俊、王天琪认为，网络舆

---

① 顾明毅、童兵：《互联网受众对网络舆情的需求起源》，《新闻记者》，2011年第11期。

② 中共中央宣传部舆情信息局：《网络舆情信息工作理论与实务》，北京：学习出版社，2009年，第6页。

③ 喻国明：《中国社会舆情年度报告（2010）》，北京：人民日报出版社，2010年。

情是在互联网上传播的公众对某一"焦点""热点"问题所表现的、有一定影响力、带有倾向性的意见或言论。[1]南京大学教授丁柏铨认为，网络舆情是在网络环境中形成或体现的舆情，即民意情况，属于舆情中的一种比较特殊的类型，但其本质仍然是舆情，反映的依然是民意状况。[2]

综上所述，本书认为，网络舆情是指公众对公共事件（或现象、人物）所表达的情绪（或态度、意见）在网上的呈现，其构成要素包括主体、客体、本体和载体，分别指公众、公共事件、情绪和网络平台。在此，着重阐述主体和载体。

作为主体的公众，就是通过网络表达意见的网民。根据中国互联网络信息中心（CNNIC）的定义，网民是指过去半年内使用过互联网的、6岁以上的人。该概念主要从网络使用者的行为效果来阐释，并非所有利用互联网的人都可以被称为"网民"，而是必须在个体自我意识、使用网络的态度、网络活动的特征以及网络活动的行为效果上表现出一定特点的使用者才可以被称为"网民"。[3]作为网络舆情主体的网民，也不是指所有网民，而是指那些通过网络平台，针对公共事件、社会现象、公众人物等，表达自己情绪的网络使用者。

作为载体的网络平台，即网络技术发展为公众提供的交流平台，包括网络论坛BBS、IM群组、博客、播客、贴吧、微博、微信以及其他社会性软件等。分析网络舆情载体时，我们要注意明网和暗网两个不同的领域。明网也被称为表层网络，是指能被普通搜索引擎检索到信息的网络。我们的大部分上网时间，都是停留在明网上。暗网则是指那些经过加密、隐秘

---

① 周如俊、王天琪：《网络舆情：现代思想政治教育的新领域》，《新德育：思想理论教育》，2005年第11期。

② 丁柏铨：《论网络舆情》，《新闻记者》，2010年第3期。

③ 郑傲：《网络互动中的网民自我意识研究》，成都：电子科技大学出版社，2009年。

性强、不能通过普通搜索引擎抓取信息的网络。暗网的一切都是隐形的，网站、用户身份、IP地址均隐形，不容易追踪到真实的地理位置和使用者身份。由于法律和舆论的监督不够，暗网也成了违法犯罪活动的网上集中地，各种有害信息在其中肆意传播。有学术机构对暗网与明网储存的数据做过统计，显示前者的数据存量百倍于后者，且增长速度更快。可见，随着网络信息技术发展，暗网舆情监控处置难度将更大。

（五）网络舆情与社会舆情、专业舆情的区别

中国互联网络信息中心统计，截至2021年6月，我国网民规模达10.11亿。[①]也就是说，全国人口中，还有约4亿人不是网民。而网民中，有发言、转帖、评论等行为的又只是少数。可见，网络舆情不能代表整个社会的舆情。按照来源不同，舆情可分为网络舆情、社会舆情。

网络舆情与社会舆情既有重合，又有区别。一方面，网络舆情和社会舆情都是社会存在和发展状况的反映，均为公众公开表达和传播的态度、看法和意见；两者往往相互影响、相互作用，现实社会中人们关于某一社会现象或问题的议论很容易传到网上，而网上关于某一社会现象或问题的议论也会很快向社会扩散。另一方面，两者也有明显区别，主要表现在：第一，网络舆情和社会舆情的传播媒介不同。社会舆情是通过人们的街谈巷议、口传心授，并以一定的情绪、态度、意见甚至行为倾向表现出来，而网络舆情的生成、发展、发挥作用的载体是网络，即网民的情绪、态度和意见要依托网络来表达。第二，网络舆情与社会舆情在社情民意的反映面上不尽相同。作为网络舆情主体的网民只是社会人群的一部分，因此网络舆情不能等同于社会整体的意见与情绪，它有时只代表以网民为主的某些社会群体的意愿。同样，社会舆情有时也不能全面反映社情民意。如

---

① 中国互联网络信息中心：《第48次中国互联网络发展状况统计报告》，2021年8月。

2016年美国第58届总统选举就出现了这种偏差。美国各大权威调查机构在社会上开展的民调结果显示，社会舆论一边倒地支持希拉里，但也有网文称在脸书（Facebook）上特朗普的讨论热度和支持率却高于希拉里，只是当时各界没有注意到而已，所以民众才对特朗普最终当选表示震惊。对此，有网友调侃美国应该加强网络舆情研究。第三，网络舆情与社会舆情的呈现形式不同。社会舆情主要通过人们的街谈巷议或行为举动等方式来表现，网络舆情则是通过论坛、博客、播客、即时通信、社交媒体、自媒体、搜索聚合、新闻跟帖等途径表达出来。

专业舆情是指依赖专业技能为生的人群（如医生、律师、记者、教师、银行家、飞行员、会计师、建筑师等）对社会公共事件或现象的情绪、意见、态度。专业人士具备较好的业务素质，身处各类热点事件现场的机会较多，比普通网民有更多调查研究，也就有更多发言权。他们基于自身的专业知识，对舆情的收集研判更加科学、准确，在舆情发生、发展、演化和传播过程中，他们发出的声音更具权威性与影响力。

二、网络舆情的研究现状

我国舆情思想和制度建设历史悠久，但真正对舆情的理论研究始于2003年，对网络舆情的研究则始于2005年。[①]随着互联网的普及应用，网络舆情研究和实践进入蓬勃发展时期，研究成果呈爆炸性增长。

（一）研究成果文献数量

以"主题"为入口、"网络舆情"为检索词在中国知网（CNKI）中检索2000年至2018年的核心期刊文献，截至2018年4月15日共检索到

---

① 许鑫、章成志、李雯静：《国内网络舆情研究的回顾与展望》，《情报理论与实践》，2009年第3期。

8692篇公开发表的论文。从下图可以看出，2005年之前我国学术界仅有5篇文章涉及网络舆情研究，从2006年起网络舆情研究成果呈大幅上升趋势，论文数量以新闻与传媒领域居多，共4771篇，占四成以上。

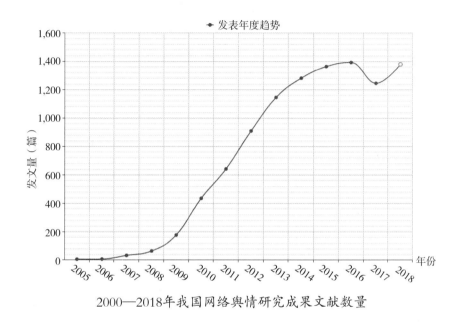

2000—2018年我国网络舆情研究成果文献数量

（二）主要研究方向

目前，网络舆情研究主要有三个方向：一是网络舆情的基础理论研究，主要研究网络舆情的概念内涵、构成要素、表现特征等；二是网络舆情的形成发展规律研究，主要针对网络舆情的产生、发展、传播和消亡等阶段进行研究，探索其引发原因、传播形态、传播途径、传播效果、涉及对象等；三是网络舆情的监测搜集、分析研判、预防预警和应对处置研究，涉及舆情监测系统软件设计、舆情监测预警指标体系建构、舆情主体情感倾向与话语表达方式探析、舆情应对策略技巧研究、舆情风险隐患评估与应急处置机制建立等。

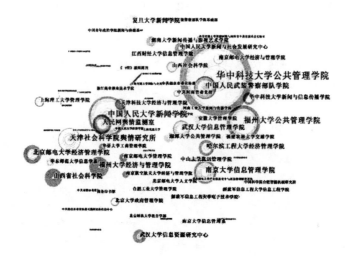

中文网络舆情研究主要机构①

（三）研究机构类型

1999年10月1日，天津社会科学院舆情研究所成立，成为全国第一家以"舆情"命名的专业研究机构。目前，我国网络舆情研究机构主要有三类：一是高等院校和科研机构，如北京大学中正舆情研究中心、中山大学广东省舆情大数据分析与仿真重点实验室、暨南大学舆情与社会管理研究中心等；二是新闻媒体，如人民网舆情数据中心、南方舆情数据研究院等；三是各类专业技术公司，主要是为政府和企事业单位提供网络舆情监测和网络口碑调查服务的软件公司，如云润大数据服务有限公司等。

根据中山大学资讯管理学院教授曹树金在《我国网络舆情研究现状及其知识增长趋势分析》一文中的分析结果，网络舆情研究的主要力量大多分布在高校，机构的研究力量较弱。而网络舆情研究涉及多学科、多领

---

① 曹树金：《我国网络舆情研究现状及其知识增长趋势分析》，《情报资料工作》，2016年第6期。

域，不仅需要高校社科类专家学者参与，也离不开新闻媒体、党政部门、企事业单位、专业技术公司等机构的通力合作。

三、网络舆情的案例教学方兴未艾

相较于抽象的网络舆情理论知识，舆情案例更加鲜活具体，是宝贵的实践经验总结，是重要的舆情应对教科书。故此，围绕典型网络舆情案例进行互动式、开放式的案例教学，日益受到政府部门、大中型企业、高等院校的普遍欢迎。它不同于一般的案例分析，具有案例的典型性、较强的互动性、教学方式的开放性等突出特点。教师在案例教学中，既要有理论联系实际的案例分析，又要充分调动学生的主观能动性和发散性思维，激励他们从教案出发，结合平时对诸多案例的分析思考，形成对既有理论和方法的补充，扩展学科研究的新视角。教学形式也丰富多样，如小组讨论、小组代表陈述、学生对案例中人物言行的再现等，都可灵活运用。总之，要立足于对舆情案例的全面复盘、深入剖析、系统思考，评估应对处置得失，探究最佳方法路径，让学生听得懂、能理会、可运用，获得知识经验，提升能力水平，实现教学相长。

（一）案例选择

典型网络舆情案例具有代表性，影响较为深远，能够揭示网络舆情的共同特点，对舆情规律的把握和应对处置具有较强的指导作用，因而讨论价值较高，能收到良好的教学效果。

典型案例具有鲜明的时代特征。在不同的传播媒介时代，网络舆情的典型案例具有不同的媒介特征。如从互联网时代到移动互联网时代，从个人电脑的普及到手机终端的普及，不同的媒介塑造了不同的舆论场，也发生着具有鲜明媒介特色的舆情事件，成为案例教学的重要来源。如平面媒体时代的孙志刚事件，PC互联网时代的"非典"事件，微博时代的各地

PX事件、广州番禺垃圾焚烧事件、沈阳卫生局"开放局长"事件、四川会理"悬浮照"事件、温州动车追尾事件，微信时代的魏则西死亡事件、罗尔筹款事件、新冠肺炎疫情事件等。而在同一媒介时代，不同时期、不同地域发生的同类舆情事件，也有着当时背景下的各自特点。

典型案例具有推动政府治理变革、促进社会文明进步的作用。在典型舆情事件应对处置中，事件相关方或处置者形成了某种新的治理观念或方式方法，对其他部门都有借鉴和促进作用。如长春长生生物疫苗事件发生后，中央高度重视，有关部门立即召回问题疫苗，同时发布正确指引，抑制谣言传播，防止引发社会恐慌，最后对受害人做出赔偿，长生公司被开出天价罚单，相关责任人受到刑事处罚。在这一舆情事件中，多部门的快速反应和协同处置是一个值得关注和肯定的经验做法，在案例教学中可以深入讨论。又如共享单车事件。从2016年9月起，"共享单车"这一名词开始在大众视野中出现，摩拜、小黄车、小鸣、小蓝、酷骑等不同品牌共享单车不断涌现。作为大城市通勤的上班族，目的地与公交车站、地铁站的一公里距离，一直是难以解决的痛点，共享单车的诞生解决了这一难题。但仅风光了一年多，共享单车已车多为患，迎来倒闭潮，全国多地出现共享单车"坟场"奇观。虽然这一案例舆情热度很高，也富有时代特征，但总体上看，它并没有推动政府或共享单车公司的管理变革，如果用来讨论，容易找不准方向。

典型案例引人关注，有利于知识点的分析讲解、学生的学习理解以及师生之间的深入交流。迅速引爆朋友圈或在社交平台"刷屏"的事件和人物，即属此类。如深圳滑坡事故、温州动车事故、鸿茅药酒商誉事件、范冰冰逃税事件等，都是广受关注的热点舆情案例。范冰冰逃税事件曾经引发全网热议，几乎街知巷闻，足以激起学生的讨论欲望。因为学生普遍知晓这位女明星，对事件新闻报道和内幕揭秘了解较多，自然对授课教师的分析意见充满期待。教师可以围绕事件的发生发展、媒体报道、网民热议、各方处置等方面对案例进行全面深入的剖析，发表点评意见，与学生互动交流，让学生了解事件的前因后果、来龙去脉，激发其分析思考的浓厚兴趣，从而在更深层面把握所学知识的重点、难点，实现理论和实践的提升。

范冰冰逃税事件的相关报道（图片来源：央视网）

　　典型案例还具有强相关性。每个人都关注和自己切身利益相关的舆情，一旦舆情与其人、家人朋友、居住地区、从事行业、业务范围、工作环境等密切相关，都会令其高度关注。网络舆情的案例教学一般会考虑授课对象的职业、性别、年龄以及居住地域等因素。如授课对象以年轻女性居多，可选择空姐滴滴遇害案之类与年轻女性相关的舆情事件；如授课对象主要来自某个特定地域，则可考虑选择当地的相关舆情事件。如在广东，可选择深圳媒体人罗尔为救治白血病女儿在其微信公众号发起的网络筹款事件。罗尔筹集到267万元善款后，被曝拥有3套房、2辆车和1家广告公司，并为其女儿买有少儿医保、只需承担3万多元医疗费，招致众多网民口诛笔伐，斥他为"消费大众善良的卑鄙媒体人""隐瞒实情的诈骗分子"。[1]此事虽引起全网热议，但在深圳本地的受关注度比外地更高，关注时间也更长。

---

① 曾胜泉：《网络舆情应对技巧》，广州：广东人民出版社，2019年，第26页。

（二）复盘推演

复盘推演是网络舆情案例教学的重要环节。授课教师要按照时间顺序，完整、准确、详实、缜密地呈现和评估网络舆情事件发生发展、应对处置全过程，重点梳理介绍舆情相关各方和普通网民在事件中的言行表现以及舆情演化各个关键节点的特征，使授课对象对整个舆情事件有全面深入的了解和思考，以此丰富知识、提升能力。

复盘推演又可分为目标实现、现场再现、阶段总结、规律归纳等四个步骤。逐一举例介绍如下：

目标实现，就是对照舆情发生初期确定的应对目标，或者此前制定的舆情应急处置预案设定的目标，审视目标实现程度。一般而言，舆情应对的目标主要是按照时度效要求，开展舆情引导，还原事实真相，服务事件处置，最大限度降低负面舆情影响，修复自身形象。如原铁道部新闻发言人王勇平，在2011年"7·23"温州动车追尾事故新闻发布会上答记者问时说的"至于你信不信，我反正信了"，不仅没有实现舆情应对的目标，反而引发新的舆情灾害。如今，退休的王勇平成了新闻发言人的培训师，他常在课堂上拿自己发言人生涯最后这场发布会作反面教材，称自己是"反面教员"，并由衷地表达自己的愿望："希望我培训过的发言人不要再有发言人成为当事人的经历，毕竟不是一件愉快的事。"这何尝不是一种现身说法的复盘，值得学生借鉴。

现场再现是回顾舆情发生和应对的具体时间节点，对当时特有背景、情形下舆情应对方法及效果进行多元设计和场景再现，评价应对得失，提出改进措施。2011年7月10日，央视播出《达芬奇天价家具"洋品牌"身份被指造假》，称达芬奇家具是家具高端品牌，以价格昂贵著称，但经记者调查发现，上海达芬奇家居股份有限公司销售的这些天价家具相当一部分不是产自意大利，而是产自广东东莞，所用原料不是达芬奇公司宣称的名贵实木，而是高分子树脂材料。上海市工商局介入调查并发布公告称，初步发现并认定达芬奇公司主要有三大问题：一是涉嫌虚假宣传；二是部分家具产品被判定不合格；三是大部分家具产品标志不规范，没有按照国家相关规定标明产地和材质。其后，全国媒体纷纷跟进报道，舆情持续发酵。7月13日，达芬奇公司在北京召开新闻发布会，总经理潘庄

达芬奇天价家具涉嫌造假事件相关报道
（图片来源：《东莞时报》）

秀华承认与东莞长丰家具公司有过合作，声泪俱下地诉说创业艰辛，却逃避回答关键问题。现场没有安排记者提问环节，也未对央视曝光的内容做出回应。教学中，如对此案例进行现场再现，可通过对已有资料的梳理分析，从达芬奇公司的角度，重新模拟这场新闻发布会，并纠正其原来的失误。如，可改为公关部门负责人出席发布会并答记者问，而不宜让公司总经理过早出场，从而给后续舆情回应留下回旋空间。

阶段总结主要针对舆情处置不同阶段的具体问题深入分析，哪些做得好，哪些做错了，哪些待改进，都要逐一做出全面客观的评价。

规律归纳是分析总结案例中具有规律性的东西，以此观照重温整个复盘推演涉及的知识点，能够更好地提高授课对象的舆情应对能力。"7·23"温州动车追尾事故发生之初，铁道部不顾遇难者及其家属感受，不当举措、言论频出，且无任何解释说明，引来骂声如潮。到了事故处置中期，铁道部解释未公开遇难者名单的原因，让公众的知情权得到部

分满足，让遇难者家属心中稍安，在一定程度上起到了稳定舆情的作用。到了后期，铁道部公开回应公众质疑的问题，得到了较为广泛的理解，最终使舆情渐渐回落。由此可见，在重大灾难的舆情应对中，与受害者及其亲属和普通网民进行交流时，必须把握好两个关键点：一是对受害者的人性关怀，如果没有对他们的生命和健康表示真心关注和保护，任何处置举措或言论都将走向公众舆论的对立面，成为众矢之的；二是对受害者、相关人员及大众知情权的保护，对一些确有必要采取而大众可能不理解的措施，要提前或同步做好解释说明，不要让疑惑和不解持续累积形成质疑和指责，引发更大的舆情风暴，影响救援等处置工作。试想在动车事故舆情应对中，如果铁道部能从一开始就对各种处置措施做出认真细致的解释，并吸取社会各界有益的意见建议，形成群策群力的救援氛围，就不会引发后来的负面舆情狂潮。

（三）课堂讨论

传统教学中的课堂讨论，主要通过分组方式来进行，模式比较单一刻板。网络舆情案例教学中，通常会有鲜活的事例、独特的观点和激烈的交锋，适宜采用视频、音频、动漫、图解、H5等生动直观的新媒体手段去展示。有的教学案例，富有生动形象的细节，适合镜头语言去表达，可通过虚拟、全息等技术仿真呈现，让大家仿佛身临其境，在沉浸式视觉体验中，实现深层互动，取得更好效果。

第二节　概念与范畴

网络舆情研究在我国学界和业界的兴起，无疑是互联网时代助力党和政府了解社情民意、走好网上群众路线、实现公共决策科学化和国家治理现代化使然。本节将对网络舆情学的概念与研究范畴、网络舆情学与其他学科的关系、网络舆情学的中国特色等方面进行探讨，以求构建边界明晰、定位科学、特色鲜明的网络舆情学，为进一步创新网络治理方法手段、提升舆情应对能力水平提供学理支撑。

一、网络舆情学的概念与中国特色

（一）网络舆情学的概念

近年来，网络舆情研究在基础性和应用性层面都取得重大进展，正在成为中国社会科学领域一个重要的理论范畴，不同学科背景的专家学者和实务界人士不断拓展网络舆情研究的广度和深度，为其向独立学科发展开辟了广阔前景。

何谓网络舆情学？简言之，就是研究网络舆情现象及本质的一门学科，它研究网络舆情的形成、发展和传播规律，研究网络舆情的监测预警、分析研判和应对处置，为党委政府、企事业单位、社会组织及公民个人认识和应对网络舆情提供理论指导和科学方法。

（二）建设具有中国特色的网络舆情学

如何构建符合我国国情的网络舆情学，一直是学界和业界共同关注的重大议题。一门学科要向前发展，走向成熟，既要善用已有研究成果，满足现实需求，又要大胆与时俱进，不断注入顺应时代潮流的新鲜血液。同样，网络舆情学也必须立足中国国情，随着理论观点、认识体系和研究方法的创新发展，不断解答新现象、新问题，创造新概念、新表达，逐渐形成鲜明的本土化特色，更好地服务于中国特色社会主义的伟大实践。

习近平总书记在2016年5月17日哲学社会科学工作座谈会上的讲话中明确指出，我国广大哲学社会科学工作者要自觉坚持以马克思主义为指导，自觉把中国特色社会主义理论体系贯穿研究和教学全过程。[1]遵照这一指导思想，要构建具有中国特色、中国风格、中国气派的网络舆情学学科体系，就必须坚持以习近平新时代中国特色社会主义思想为指导，坚持马克思主义的世界观和方法论，坚持以人民为中心的研究导向，以中国网络舆情的发展脉络、现实状况、存在问题、应对实践为主要研究对象；就必须思考当前中国经济结构调整和社会群体分化面临的新矛盾、新问题，认清互联网技术发展深刻改变媒体格局和舆论生态的新挑战、新形势，探索网络舆情生成演变和发生作用的特点、规律，运用本土话语方式进行恰当的理论阐释，并融入全球网络传播学术发展格局，从而建立具有中国特色和国际视野的网络舆情学学科体系、学术体系和话语体系。

二、网络舆情学与相关学科

作为社会科学与自然科学交叉的新兴研究领域，网络舆情学涉及新闻学、传播学、社会学、政治学、公共管理学、信息学、情报学、心理学、统计学、计算机科学等多个学科。相对于其他学科，网络舆情学在学科意义上还远未达到自成体系的成熟阶段。通过搜索全国哲学社会科学规划办公室的立项查询系统，截至2017年12月31日，以"舆情"作为项目名称关键词搜索到的145条数据中，新闻学和传播学的立项最多，共55项，占

---

① 《习近平主持召开哲学社会科学座谈会强调：结合中国特色社会主义伟大实践，加快构建中国特色哲学社会科学》，《人民日报》，2016年5月18日。

38%，情报学次之。

（一）网络舆情学与传播学

传播学是研究人类一切传播行为和传播过程的发生发展规律以及传播与人和社会关系的学问，是研究社会信息系统及其运行规律的科学。简言之，就是研究人类如何运用符号进行社会信息交流的学科。它主要研究人内传播、人际传播、群体传播、组织传播、大众传播等5种传播类型。有的学者从传播学的视野研究网络舆情，认为传播学领域关于信息生成、传播主体、传播过程、传播渠道、传播媒介、传播效果等相关研究成果为网络舆情研究奠定了坚实的理论基础。学者们试图从网络舆情的主体、传播形式、形成机制、发展过程、表现特征，以及新旧传媒形态变化带来的舆情特征变化和应对策略等角度进行阐释。如丘盘连等从传统媒体与现代网络媒体的互动角度，研究网络舆情的社会服务作用，指出："要充分利用网络信息，监督舆论，引导舆情，化解社会矛盾；巧妙针对网上'热炒'，澄清是非，弘扬正气；网络与报纸互动，网民与记者交流，实现传播效果最佳化。"[1]

（二）网络舆情学与情报学

情报学是研究情报的产生、传递、利用规律和用现代化信息技术与手段使情报流通过程、情报系统保持最佳效能状态的科学。该学科创立的信息组织理论与方法，为网络舆情传播机制的深化研究与应用提供了方法论。如舆情分析中涉及的相关技术，包括舆情监测与跟踪系统、自然语言处理特别是中文信息处理、数据挖掘等，都以具有情报学特点的"内容分析法、实证分析法"为主。

---

[1]　胡先云、张奎彦：《近五年来高校网络舆情研究述评》，《读书文摘》，2015年第4期。

（三）网络舆情学与政治学

政治学是研究在一定经济基础之上的社会公共权力的活动、形式、关系及其发展规律的科学。网络舆情的核心在于网民的意见、态度等，也包括具有政治指向性的民众态度，与政治学中的政治态度是同一个范畴，但更侧重于普通民众的政治态度。可见，两种学科的主客体在一定程度上是重合的。有的学者从政治学视野研究网络舆情，主要从网络政治参与、网民民主意识、网络舆论监督、政府网络施政等角度予以阐述。天津社会科学院舆情研究所专家刘毅认为，网络舆情促使政府治理范式的转变，政府可以了解公众在网络上表达的舆情，从而整合有价值的建议供决策者参考，保证了公民的政治参与权利，也促进了政府决策的民主化和科学化。[1]刘泽西在《科学面对网络舆情》一文中指出，网络舆情是培养公民民主意识的推进器，是实现社会监督的有效工具，更是社会心理的风向标，要通过网络舆情直面民意。[2]因此，现代政府需要科学面对网络舆情，把握民意，汇聚民智，为决策提供有益参考。

（四）网络舆情学与公共管理学

公共管理学是一门新兴学科，旨在帮助公共管理者获取解决公共事务所需的知识、技能与策略。[3]它主要研究公共管理和利益关系问题，其中有关政府对网络舆情的监控机制、应急处理以及群体性事件处置等方面的研究成果，为网络舆情学的相关研究提供了厚实的理论基础。

（五）网络舆情学与大数据等计算机信息学

作为计算机科学重要研究领域的"大数据"，是为了从大容量、高频

---

① 刘毅：《网络舆情与政府治理范式的转变》，《前沿》，2006年第10期。
② 刘泽西：《科学面对网络舆情》，《西安日报》，2009年1月19日。
③ 张成福、党秀云：《公共管理学》，北京：中国人民大学出版社，2007年，第23页。

率、不同结构的数据中获取有价值的信息而设计的新型架构和技术。它具有4V特性，即大量（volume）、多样（variety）、高速（velocity）、价值（value）。伴随着网络信息技术高速发展，网络舆情在数据体量、信息形态、生成速度等方面发生了巨大变化，监测分析方法早已超出常规分析框架，必须借助大数据分析技术，才能精准监测网民的情绪和言行，准确把握舆情个案背后的深层社会矛盾和不同利益群体的意见诉求，使舆情搜集分析结果更加全面准确、客观可靠。1935年，英国生态学家亚瑟·乔治坦斯利爵士（Sir Arthur George Tansley）受丹麦植物学家欧根纽斯·瓦明（Eugenius Warming）影响，明确提出生态系统的概念。从生态系统的角度审视，网络舆情之间存在一种相互依存、相互制约、互为环境的关系，其多样性和共生性特征体现了网络系统生存和发展的普适规律。[1]大数据就是推动网络舆情治理现代化的一种技术路径和现实选择，它促进了网络舆情监管和引导模式的创新，也必将创新网络舆情研究的视角。

三、网络舆情学的研究范畴

要科学规划网络舆情学的研究范畴，首先得弄清时代背景和现实需要。互联网已经成为现代社会公共领域言论表达的主渠道，社会矛盾问题和民情民意民智更加集中地呈现于网络，各种思想文化在网上交流交融交锋日趋活跃和复杂，以维护社会政治稳定和意识形态安全为目标任务的网上舆论斗争愈发频繁和激烈。为此，网络舆情学的研究必须紧随时代、创新发展，既要立足本土现实需要，又要放眼国际舆情形势，聚焦以下六个研究范畴：

---

[1]　翟云：《网络舆情治理的未来愿景、现实困境与实现路径》，《行政管理改革》，2015年第1期。

一是网络舆情理论研究。通过对网络舆情理论和工作实践的系统研究，着重从理论上阐释网络舆情的概念、内涵、特征和构成要素，把握网络舆情主客体之间的内在规律和作用机理，为网络舆情工作实践提供坚实的理论支撑。

二是网络舆情生成发展规律和特点研究。网络舆情纷繁复杂、变化多端，研究者要准确把握舆情发生、发展和平息全过程的逻辑线索和内在规律。移动互联网时代，网络媒介形态多样，舆论阵地转换频繁，研究者只有熟悉各类网络终端平台的传播功能和使用者的行为特征，掌握各种舆情在不同终端平台的生成演化规律，才能更好地指导帮助舆情应对主体，做到快速反应、对症下药、取得实效。

三是网络舆情工作机制研究。重点研究网络舆情监测预警、挖掘汇集、分析研判和应对处置机制。要运用大数据、云计算、人工智能等计算机信息技术手段，协助管理层和执行层创新工作方式方法、提高舆情信息质量，更好地服务于网络舆情的应对处置。

四是网络舆情现实热点与公共政策关系研究。舆情既是公共政策制定的参考，也是公共政策实施和调整的依据，舆情与公共政策之间一直存在着构建理论关系桥梁的需要。综观不少网络舆情热点，都与公共政策创新同频共振，客观上推动了交通、住房、户籍、养老、就业、教育、医疗、司法、环保、食品安全等领域民生问题的解决。

五是网络舆论场特殊现象和舆情演进关系研究。重点研究民间舆论场舆情的呈现特点、新媒体的发展和舆情表达、网络舆情信息传播对民意的强化和对社会政治的影响、传播中舆情与舆论之间关系以及议题设置和舆论引导等问题。其中，应不断研究典型公共危机事件网络舆情处置的成败得失，为今后稳妥应对类似舆情事件提供更加符合实际需要的策略技巧。

六是国外相关领域学术成果借鉴研究。网络舆情学不是"舶来品"，要坚定走本土化发展路径，但在全球化大潮势不可当和人类命运共同体意识日益强化的当下，作为与全球互联网和国际舆论场紧密相关的一门新学科，其研究者要胸怀开放意识和国际视野，密切关注国外相关学科特别是网络传播领域的研究动态和发展趋势，积极借鉴其先进的理论知识、研究方法和分析技术，丰富学科概念、命题体系和研究手段。

第三节　地位与作用

中国经济社会正处于转型发展的关键期，经济体制、社会结构、利益格局、价值观念发生了深刻变化，人们的权利意识、法律意识、监督意识、参与意识空前高涨，网上言论的活跃性、倾向性、情绪性、煽动性明显增强，舆情形势日益严峻复杂，舆情事件呈现出触点多、燃点低、扩散快、烈度强、处置难的态势，对社会稳定和政治安全造成威胁。而在舆情应对处置中，涉事责任主体普遍显得能力不足，如信息管控过度，公开透明度低，导致谣言猜测滋长；应急准备不足，响应速度迟缓，错失回应发声良机；舆情监测分析手段落后，信息要素不全，研判质量不高，影响应对处置决策；引导不力，在网上失声或声音被淹没，丧失舆论主动权，等等。特别是伴随网络舆情事件产生的谣言传闻，经常比政府权威信息和事实真相传播得更快、更能迷惑人，一旦应对不慎，就可能对国家制度、意识形态、公共事务、社会民生、经济建设等领域造成严重危害。因此，要从维护经济社会稳定和制度政权安全的战略高度，深刻认识从学科视角研究网络舆情的重要性、必要性和紧迫性。

（一）网络舆情研究有利于推进国家治理现代化

"得人者兴，失人者崩。"网络舆情工作的成效，是呈现中国10亿多网民人心向背的一面镜子，是检验网络空间清朗程度和网络治理能力水平的一把尺子。党的十八届三中全会吹响了"推进国家治理体系和治理能力现代化"的号角，党的十九届四中全会专门研究了国家制度和国家治理体系问题，并作出了《中共中央关于坚持和完善中国特色社会主义制度、推进国家治理体系和治理能力现代化若干重大问题的决定》。作为国家治理的重要组成部分，网络治理关乎国家治理体系和治理能力现代化水平，而网络舆情则是网络治理的基本内容和关键领域。可见，加强网络舆情研究是提升政府治理能力的重要手段。

随着网络信息技术迅速发展，网民数量和表达平台急剧增加，民众参政议政、监督批评的热情空前高涨，网络已然成为舆情产生的最重要平台。而"网络舆情"作为热门关键词，早已渗透到社会、经济、政治、法治、科技、文化、教育、民生、民族、宗教、生态文明、国家安全、国防和军队、国家制度、统一战线、外交、党的建设等方方面面，是各领域舆论情况特别是负面舆情的集中式、放大式表现。在2016年4月19日召开的网络安全和信息化工作座谈会上，习近平总书记明确指出，要"建设网络良好生态，发挥网络引导舆论、反映民意的作用"；要凝聚共识，"为了实现我们的目标，网上网下要形成同心圆"。在现代国家治理格局中，善于发挥社会主体积极性，推动形成全社会各种力量的协调共治，健全利益表达机制，舒缓社会紧张关系，在公共决策中吸纳多元主体的民意，更有利于社会各方形成共识。为此，我们要充分发挥网络在社会治理中的重要作用，创新网络舆情治理方式，把舆情风险评估作为重大公共决策的前置程序，努力使评估过程成为倾听民意、化解民忧、赢得群众理解支持的过程，预防和减少因决策不当引发社会矛盾。要注重发挥广大网民、社会组织在网络治理中的主体作用，畅通群众利益表达渠道，引导群众依法、理性、文明上网，促进网络生态健康有序发展。

《2017年中国互联网舆情研究报告》显示，党的十八大以来，在以习近平同志为核心的党中央坚强领导下，我国网络治理的成绩有目共睹，及时妥善处置了一大批涉及政治、经济、社会、文化、军事、外交等领域的舆情。这为推进国家治理现代化创造了良好的网络舆论环境。

（二）网络舆情研究有利于巩固国家政治安全

美国未来学家阿尔文·托夫勒（Alvin Toffler）曾预言"谁掌握了信

息、控制了网络，谁就拥有了整个世界"。习近平总书记指出："谁掌握了互联网，谁就把握住了时代主动权；谁轻视互联网，谁就会被时代所抛弃。一定程度上可以说，得网络者得天下。"[①]可见，网络乃国之利器。而网络舆情是民意的网络表达，对其引导的成败则关乎国家安危。作为民意的网络集中表现形式，网络舆情既可能是为公共管理呐喊助威、对社会凝心聚力的加油器，也可能成为扰乱社会秩序、危害公共利益的帮凶。[②]但网络舆情并不可怕，可怕的是舆情的失管失控、肆意泛滥。通过创新舆情治理的技术和工具，提升舆情搜集、分析和应对能力，使党和政府及时、充分掌握社情民意，科学、合理做出公共决策，保持党同人民群众的血肉联系，维护并巩固以政权和制度安全为核心的国家政治安全。

当前，各种社会热点问题频频出现，尤其是涉及民生、司法、反腐、民族、宗教等方面的问题，政治性、政策性强，关注度、敏感度高，容易引起舆论聚焦，更易在网上发酵和放大，使一般问题上升为社会政治问题，个人的偏激言论扩展为非理性的社会情绪。[③]与此同时，随着经济全球化和信息技术迅猛发展，网络意识形态领域斗争日趋尖锐复杂。互联网已经成为美西方反华势力对我国进行渗透破坏的主要阵地，境外敌对势力和境内别有用心的人相互勾连，千方百计通过网络造谣抹黑，攻击我国社会主义制度，诋毁党和国家领导人，否定改革开放，插手敏感事件，企图达到其不可告人的政治图谋。

网络舆情研究的主要目标之一，就是为党和政府提供决策参考，助其

---

① 中共中央党史和文献研究院编：《习近平关于网络强国论述摘编》，中央文献出版社，2020年，第41页。

② 郑万军：《政府治理现代化与领导干部网络舆情引导力》，《理论视野》，2016年第8期。

③ 姜胜洪：《科学引导网络舆情》，《理论与现代化》，2010年第1期。

不断提高依法执政、科学执政、民主执政能力，防止和减少因决策不当产生不稳定因素。具体来说，通过网络舆情研究，把握舆情走势，了解民众思想政治倾向，掌握民众对国家意识形态的认同情况，有利于完善政治制度，维护政权安全；通过网络舆情研究，全面、准确、及时解读民意，了解民众对党和政府各类公共政策的直接反应，使党政部门在制定和实施具体措施的过程中获得更大的信心和主动性，有利于改进执政方式，巩固党的执政地位；通过网络舆情研究，提升舆情引导力和信息技术控制力，有利于创造良好的网络舆情环境，维护国家主权独立。总之，必须通过网络舆情研究，实现网络舆情治理主体、治理理念、治理机制、治理向度和治理手段等方面的创新，促进网络舆情治理与政治安全的良性互动，确保国家政权稳定。[1]可见，社会转型期科学有效治理网络舆情，对于维护国家政治安全有着十分重要的战略意义。

（三）网络舆情研究有利于促进社会和谐稳定与经济健康发展

网络的开放性和互动性，让广大网民广泛参政议政，对公共事务发表意见、表达诉求，而这些意见和诉求直接影响着网络舆情的生成发展。由于受自身利益、媒介素养等各种因素的影响，有的网民对网上热点舆情事件缺乏理性思考，往往趁机宣泄个人不满情绪；有的网民甚至罔顾法律与道德底线，发表错误言论，做出不当行为。他们的不良言行极易被一些别有用心的人和境外非政府组织炒作利用，发展为负面敏感舆情，危害社会和谐稳定和意识形态安全。

加强网络舆情监测、应对研究，助力分析、研判、导控负面舆情，是维护网络社会良好秩序的重要手段，也是保障现实社会和谐稳定的重要方

---

① 虞崇胜、舒刚：《社会转型期网络舆情治理创新——基于政治安全的视角》，《行政论坛》，2012年第5期。

法。有关部门要及时通过网络舆情研判，把准网民思想动态，制订有针对性的宣传引导计划，采用网民喜闻乐见的传播手法，帮助他们提高政治思想认识，筑牢全国人民团结奋斗的共同思想基础。同时，要引导网络主流平台和意见领袖发挥积极作用，大力传播党和政府的声音，弘扬中华优秀传统文化和社会主义核心价值观，净化网络环境与网民心灵，形成积极健康、崇德向善、守法理性的良好社会风气。这不仅有利于维护社会和谐稳定，还可促进经济有序健康发展。

（四）网络舆情研究有利于提升各种机构和公众人物形象

全民皆媒时代，网民通过网络平台表达利益诉求、曝光丑恶行为、监督公共权力等活动日益普遍，网络舆情已变成关乎党政机关、企事业单位以及公众人物形象的一个重要因素。因此，分析网络舆情生成规律，研究应对处置方法，是塑造和维护各种机构及公众人物形象的必要手段。

政府形象一般指社会公众在了解和经验的基础上，对政府在运行过程中显示的行为特征和精神状况的总体印象和评价。它既是社会公众的主观评价，又是政府客观表现的反映。[①]政府形象意义重大，良好的政府形象是一个政府所拥有的重大资源和无形资产，有利于树立政府权威，团结凝聚民众，做好公共管理，从而提高行政效率和政府绩效。负面舆情会影响政府整体形象，损害政府公信力。政府机构及其工作人员在一定程度上代表一个地方的整体形象，当个别工作人员因某种过错引起舆论广泛关注时，客观上会对该地区的整体形象造成伤害，助长公众对该机构行为的质疑和抵触心理，从而对政府政策措施的落实和推进造成障碍。因此，政府工作人员应当强化互联网思维，提升网络舆情素养，重视舆情应对处置，

---

① 贺玲：《论政府形象的影响因素——兼论重塑我国政府形象的路径选择》，《北京工业大学学报》（社会科学版），2008年第4期。

学会运用新媒体引导网上舆论、回应网民关切，争取赢得网民对政府的理解和支持，以此塑造和展示政府良好形象，使政府对公众产生强大的向心力和凝聚力。

对于现代企事业单位来说，形象也至关重要。具备良好的网络舆情管理能力，可以让自己的企业避免负面舆情影响，维护企业信誉。尤其是上市公司和大型企业，一举一动备受社会公众关注，一旦出了敏感问题，往往会引发大范围的舆情风波，导致信誉受损甚至清盘破产和员工失业，还可能酿成大规模群体性事件，破坏社会和谐稳定。所以，企事业单位要高度重视网络舆情监测研判，认真做好舆情风险防范化解工作，这是关系到企业生存发展的大事。

形象对公众人物也十分重要。公众人物主要是指"受到广泛关注的社会成员，他们或者拥有显赫身份，或者掌握重要职权，或者能够对公众产生重大影响，或者偶然介入某些重大事件而受广泛关注"[①]。网络时代，各种自媒体应用普及便捷，公众人物作为社会关注焦点，容易被推到舆论的风口浪尖，遭遇舆情危机。特别是需要经常露脸的党政官员、企业高管、文体明星或网络红人，他们所代表的不仅仅是其个人，还有党政机关、企事业单位或他们背后的团队。当他们卷入舆情旋涡时，若不能妥善应对，就可能导致"个人信任危机"转化成"组织信任危机"。所以，公众人物无法保证不惹舆情，但可以学会稳妥处置，确保身陷舆情时既考虑个人得失，更顾及团队信誉。

---

① 李新天、郑鸣：《论中国公众人物隐私权的构建》，《中国法学》，2005年第5期。

理 论 篇

第一章　网络舆情的类型与特征

认清网络舆情的类型和特征，是全面深入了解网络舆情的前提，也是区别于其他舆情的途径。网络舆情既有一般舆情的共性特点，又有鲜明的网络特性，与互联网的舆论生态和传播规律密切相关。

第一节　类型

网络舆情由一个个网络舆情事件催生而成。要区分其类型，首先要了解网络舆情事件。

一、网络舆情事件是一种特殊的公共事件

网络舆情事件是网络舆情生成的主要源头。因传播载体的不同，网络舆情事件有时也分为网络事件、微博事件等。有学者在论述江西"宜黄拆迁"、河北"我爸是李刚"等事件时认为，这一系列事件"由于微博的介入改变了原有的轨迹"，可称为微博事件。[①]

网络舆情事件，顾名思义，就是经由网络传播或与网络相关的公共事

---

① 周葆华：《作为"动态范式订定事件"的"微博事件"——以2010年三大突发公共事件为例》，《当代传播》，2011年第2期。

件。那么，什么是公共事件？是指经广泛传播并"能引起社会普遍关注并引发议论以及社会波动的事实"①。一般来说，在现代社会，公共事件的形成都需经过大众媒体的传播，这是一个必不可少的环节。之所以把网络舆情事件归入公共事件的范畴，是因为它具有公共事件的所有特点。

首先，从事件的性质来看，网络舆情事件具有公共性，即事关社会公共利益或公众广泛参与其中。如"广东保卫粤语""温州动车追尾"等事件，关系到广大公众的切身利益和全社会的整体公共利益，因而具有公共性；"宜黄拆迁""我爸是李刚"等事件，虽然只是涉及少数个人利益的孤立个案，但由于社会大众广泛关注和热议，便不再仅仅是"个人"的事，也成了"大伙"的事，已经从"个人事件"升级为"公共事件"，故而也有公共性。这些"个人事件"为何经由网络传播后演变成"公共事件"？许多研究都归因于政府对事件引发的网络舆情应对处置不当。当然，也有一些研究指向广大受众在接受"个人事件"新闻信息后的心理反应，即触及受众的社会心理层面。谢泳曾以1946年发生的"沈崇事件"为例，在史学探析的基础上分析了个人遭遇为何能成为公共事件。他指出，"个人遭遇成为公共事件，决定于个人遭遇中包含的特殊因素与社会普遍心理之间的暗合关系"。他也认为，"媒体在个人遭遇成为公共事件中起主导作用"②。陈力丹、董晨宇以"杭州飙车案"为例，进一步分析了新闻媒体叙事中的心理暗示在"个人事件"发展成"公共事件"中所起的重要作用。人们为什么关注个人事件？"原因就在于媒体报道将个人事件中的人物角色进行了'原型沉淀'，而沉淀之后的原型恰恰符合人们的'社

---

① 谢泳：《关于沈崇事件的一些历史材料》，载李公明选编：《2004年中国最佳讲座》，武汉：长江文艺出版社，2005年。
② 同上。

会心理'，进而呼唤了人们的集体共鸣。"①

其次，从事件的传播过程来看，网络舆情事件具有广泛关注度，即事件经由网络载体公开传播，得到了广大受众的持续关注。有些事件虽经网络传播，但并没有引起大批受众关注，很快石沉大海，也不能称为网络舆情事件。因此，网上关注度的高低，是衡量一个事件是否为网络舆情事件的一项硬指标。如社会广泛关注的"我爸是李刚"事件，属于网络舆情事件，而随后发生的"我叔是金国友"事件，则因关注者甚少，未形成舆情，不能看作网络舆情事件。

最后，从事件的传播效果来看，网络舆情事件具有较大影响力，即事件在广大受众中引起强烈反响，甚至对社会现状产生影响。换言之，一个事件在网上被很多人看到了，但看后没人理会，大家并不关心，也不能称之为网络舆情事件。如郭美美事件，是一个典型的网络舆情事件，不仅在于该事件在微博等网络平台上众所周知，"闹翻了天"，更重要的是引发了人们对"炫富"现象和不合理的红十字会慈善捐赠体制的深刻反思，并推动了对慈善捐赠体制的修正和完善。

人类的历史其实就是由一个个事件组成的历史。这些事件有的惊天动地，有的静水流深，但都是组成历史之链的一颗颗珍珠，成为后人发掘研究的宝藏和观照现实的镜鉴。在大众传媒诞生前的古代社会，这些事件依靠人们口口相传或史官、文人的文本记载流传下来。由于传播的不畅、信息的闭塞和政府的舆论管控，很多事件尽管对社会影响极大，甚至改变历史进程，但当时却鲜为人知，难以成为公共事件。如清朝康熙末年"九子夺嫡"之类争夺皇位的宫廷纷争，不可谓不重大，但由于当时尚无大众传

---

① 陈力丹、董晨宇：《从个人事件到公共事件——以"杭州飙车案"为例》，《民主与科学》，2009年第4期。

媒介入，信息极度不公开，社会上极少有人知悉，因而不属于公共事件。反而在数百年后的今天，围绕这些历史事件进行的学术论争和影视演绎，却有可能引发公共事件。如，2008年10月5日下午，著名学者、《百家讲坛》主讲人阎崇年在江苏无锡新华书店图书中心签售《康熙大帝》《明亡清兴六十年》两书时，遭到一名对他评述的某些历史事件持不同看法的青年男子掌掴。[①]这一事件引发各大网络媒体和网民广泛关注和热议，变成了名副其实的网络舆情事件。

二、网络舆情可分为六种类型

根据网络舆情事件内容和性质的不同，可将网络舆情分为六种类型：

（一）基层维权型，如宜黄拆迁事件

2010年9月10日上午，江西省抚州市宜黄县凤冈镇钟如奎家的三层楼房遭到副县长带队强拆，其母亲、妹妹和大伯用汽油自焚抗争，被送医院抢救，几天后其大伯医治无效而死。媒体记者的微博直播和广大公众的合力参与，让宜黄拆迁事件迅速成为微博上的舆论焦点，并带动报纸、电视等传统媒体竞相跟进报道。公众在微博上的接力参与和社会动员，不仅让微博成为强拆真相的传播出口，也让微博成为监督宜黄地方政府和有关部门的舆论平台。在一些网络大V的策划推动下，舆情迅速在微博上扩散升级。广大网民纷纷在微博上声援自焚者及其家属，声讨带队强拆的县政府官员，最终促成该县包括党政主官在内的多名领导被免职。

基层维权型网络舆情大多是参与的民众以网络为阵地，彰显基层的知情权和表达权。分散的网民在参与行动中紧紧抱团，形成合力，共同关注弱势群体利益受损问题和社会不公现象，监督公权力的行为。

---

① 肖余恨：《掌掴阎崇年是不是被过度阐释了》，《珠江晚报》，2008年10月10日。

（二）社会公益型，如微博解救乞讨儿童行动

2011年1月25日，中国社会科学院农村发展研究所研究员于建嵘开通了"随手拍照解救乞讨儿童"的微博，立即引起全国各地公众和公安部门的高度关注与大力支持。据统计，该微博开通才5天就有1万余人关注，300多条涉及乞讨儿童行踪的信息发布其上。在微博带动下，许多公众积极参与解救行动，不断上传乞儿照片，帮助寻找各种线索，希望家中有孩子失踪的父母能借此方式找到被拐孩子。有的公众还在微博上开展理性讨论，着重围绕随手拍照上传微博会不会侵犯被拍儿童隐私、人贩子看到乞儿照片会不会立即将其藏匿或灭口等问题，提出行之有效的解决办法，如要防止拍照对乞讨儿童造成二次伤害、开设保密的照片数据库、建立全国被拐儿童父母的DNA资料系统等。

在此类网络舆情中，广大公众为了一个公益性的共同目的，借助微博参与线上或线下行动，由点带面普及开来，犹如一场群众性的"合作式运动"。具有广泛性的群众基础，形成普遍性的群众行动，是此类网络舆情的主要特点。与前述基层维权型网络舆情的对抗式特点截然不同，这起社会公益型网络舆情体现了公众与公安、民政等政府职能部门一致的共同利益，也体现了公权力和私权利在网络舆论场上的协作关系。双方是一种建设性的互动合作，公众理性得到极大彰显。

（三）造谣恶搞型，如抢盐风波

2011年日本"3·11"大地震造成核电站核泄漏，相伴而来的网络谣言在我国引发一场抢盐风波。3月17日晚，以"靠加碘盐中的碘可预防辐射"和"核污染会影响海水水质，今后海盐没法儿吃了"为主要内容的信息出现在网上。这些信息被一些实名认证用户和名人明星转发后，以几何级数向四面八方传播扩散，很快促使上海、浙江、广东、广西等地群众率先采取线下行动——抢购食盐。尽管有传统媒体和专业人士随后辟谣，但

不少群众还是抱着"宁可信其有，不可信其无"的心理，争先恐后向亲友转发谣言，并上街抢购食盐。

在此类网络谣言引发的公共事件中，网民是跟风式参与，即自己在短时间内无法鉴别网络信息真伪，在网络谣言诱导和意见领袖助推下，纷纷信谣、传谣，并采取相关行动。在鱼龙混杂、泥沙俱下、"听风便是雨"的网络空间里，网络传播的即时性、便捷性、匿名性等特点，使得很多网民看到一条谣言信息，往往不加以辨别，大拇指一按或鼠标一点，便转发出去。这样一传十、十传百，迅速裂变成庞大的谣言之链。这类网络舆情折射出网民的"盲目从众心理"。

（四）娱乐八卦型，如张柏芝、谢霆锋离婚事件

这类事件之所以能成为网络舆情，主要是因为名人隐私及其娱乐性、趣味性等特点能在网上吸引广大公众的注意力。公众关注张柏芝、谢霆锋离婚事件，并非是要与某种公权力相抗衡或寻求协作，这与公众个人利益和公共利益无关，多数公众参与其中纯粹是为了好玩、消遣或满足好奇心、窥私欲。张柏芝、谢霆锋闹离婚，这本是私事，但因为他们是影视明星，具有名人效应，此事便有了公众性。2011年6月23日下午，一位自称是张柏芝好友的博主"Yu-ki_Lee"在微博中连续发出了几张手机短信的截屏图，大爆"锋芝"婚变内幕，称谢霆锋在婚姻里的好男人形象全是做戏，还逼张柏芝开口跟他离婚；张柏芝为婚姻忍辱负重，为保护两个儿子才哑忍至今。此微博"一石激起千层浪"，得到许多期待证实该传言的网民转发和评论，连佛教界人士也参与进来。延参法师在他的微博上发了一条题为"真实的谢霆锋"的微博，力挺谢霆锋："大家平时看到谢霆锋大多在屏幕上，或者一些影片宣传或者公益活动上，难免觉得有一些明星的光环。真实的谢霆锋语言不多，甚至有些内向和腼腆，还像个没长大的孩子，有些豪爽，有些小孩子一样的坚持和固执。走过风雨，相信会更

好。祝福。"直到8月22日下午，张柏芝、谢霆锋发表声明正式宣布离婚之前，网上围绕两人婚变话题的讨论不断升温，逐渐演变成一场"媒体盛宴"和"网络狂欢"。

制造此类网络舆情是为了"圈粉"博眼球，网民参与主要是出于娱乐、好奇、猎奇、恶搞等目的，参与行动普遍表现得轻松、散漫，甚至随心所欲，有些是偶尔获悉表示关注，有些是关注过后即兴评点几句，有些是出于好奇搜索一番，而不少名人的拥趸则选边站队、各自为战、互相攻击，闹得网上沸沸扬扬。因此，一定程度上可以说，娱乐八卦型网络舆情就是"狂欢式"网络舆情。

（五）发泄围观型，如方正县开拓团立碑事件

方正县开拓团立碑事件是一种典型的发泄围观型网络舆情。2011年7月30日，一则题为"黑龙江方正县为侵华日军死者立碑"的帖子在网上发布并迅速发酵。该帖称，为了GDP和政绩，黑龙江省方正县竟然不顾民众情绪，花费70万元为侵华日军死者立碑，以求吸引日商投资。截至31日下午4时，该帖已被网民转发8.1万次，评论超过1.8万条。广大网民在转发和评论中纷纷发泄自己的愤恨和不满，表现出强烈的民族主义情绪。如网友"深蓝的海"在微博上说："如此GDP要它何用？如此换来的投资与乞讨何异？难道偌大的中华民族为了不一定能挣到的小日本的那几个臭钱就要摇尾乞怜，甚至忘记国耻，放弃尊严？"网友"纠缠的麻花"在跟帖留言中说："正视历史才能面向未来，而不是为了所谓的友好而歌功颂德、去立碑，那些默默牺牲的英雄给立碑了没？这是讨好，不是友好！"网民的持续热议引起了报纸等传统媒体的关注，31日下午，方正县常务副县长洪振国接受新华网《中国网事》记者采访时说："立碑不是出于经济考虑，为日本开拓团立碑体现了中华民族的胸怀。"但这种"官方"解释非但没有平息网上广大公众的愤慨情绪，反而激起更多原来"旁观"的公众参与讨论，并很快从线上参与转化成线下行动。一些网民前往黑龙江方正县，朝开拓团石碑泼油漆，更有5人举起铁锤砸向石碑。这5人将砸碑照片发到网上，获广泛转发，被网民称为"砸碑五壮士"。迫于舆论压力，方正县政府于8月5日深夜悄悄将开拓团石碑拆除。随后，许多网民在网上欢呼他们的参与取得了胜利。其实，在此事件中，方正县不止立了开拓团的碑，还建了一座"中国养父母逝者名录"纪念碑，纪念抚养日本投降后滞留在中国的4500多名日本妇儿的"中国养父母"；而且开拓团石碑上没有日本军人的名字，立碑事项也经过外交部批准。新华网等官方媒体在此事成为网络舆情事件后，及时采访报道了事情的来龙去脉，回答了社会公众关切的焦点问题。但部分网民的民族主义情绪已被点燃，无论线上言论还是线下行动，都显得较为偏激。

发泄围观型网络舆情中，网民的情绪完全是"情感战胜理智"的"一边倒"。一些网民抓住一点、不及其余，并利用网上信息传播快、覆盖

方正县开拓团立碑事件的相关报道（图片来源：金羊网）

广、影响大等特点，渲染兴奋点并无限放大，广泛联想、牵扯与之相关的其他不满情绪，并借当下事件发泄出来，不仅要痛打"落水狗"，还要将其他讨厌的"狗"一并"打死"。至于事件的原委和来龙去脉，参与讨论的网民并没有太在意，甚至故意置之不理，完全陷入不讲理的情感世界。因此，可将此类网络舆情中的网民称为"不讲理"的网民。

（六）"低级红""高级黑"型，如新婚之夜抄党章

2016年5月16日，南昌铁路局微信公众号"南昌铁路"推送的文章《手抄党章第二十天：平凡的一天，从抄党章开始》，选取了南昌铁路局员工李某和陈某在洞房花烛夜铺开纸张抄下党章的事例，并配发了几张抄写情景照，称这一举动"给新婚之夜留下美好记忆"。此事迅速引发网民广泛质疑和恶搞，酿成全网关注乃至境外媒体批评的舆情事件。有网民对比分析这几张照片后，指其"涉嫌摆拍，硬生生把严肃的正面宣传推向'高级黑'的泥潭"。《解放军报》对此评论指出："学习党章，动笔还需'走心'。如果抄写只动笔而不'走心'，'朋友圈'里只为了'晒字'而不见行动的'真章'，不触及思想和灵魂，就会把这一初衷很好的活动搞变味，沦为'精致的形式主义'，这是需要注意和防止的。"言之有理。正是由于信息发布者不懂网络传播规律，事例选择和描述不当，且缺乏常识和情理，让严肃的政治学习沦为形式化、庸俗化的作秀。本想搞个正面报道，却弄巧成拙成了企业公关的反面典型。

这类网络舆情事件还有"南航为前排官员护航""怀孕护士参加九寨沟地震救援"等，均被网民认为"将自我表扬的宣传稿写成了授人以柄的举报信"。此类事件频发表明，正面宣传也要谨防舆情风险。近年来，在正能量报道中，因用力过猛而导致舆论非议进而变成"低级红""高级黑"的案例屡见不鲜。究其原因，是传播者传播理念落后，以表功意识为主导，强刷存在感，刺激了公众的弱势感。在传统的组织传播中，

"新婚之夜抄党章"的相关报道（来源：凤凰网）

表功刷存在感是各单位通讯员、宣传干事的规定动作。由于他们忽视"时度效"，热衷于高大全式的人物塑造和打鸡血式的立场站队，导致违背常识、常理、常情的典型报道不时出现，产生负面效果。

以上对网络舆情类型的划分，还综合考虑了网络传播方式、网民心理情绪、私权利与公权力的关系等多种因素。当然，也可从不同维度来分类。如，从舆情参与主体来划分，可分为个体型网络舆情和团体型网络舆情；从传播载体来划分，可分为网站舆情、微博舆情、微信舆情；从网民参与方式和参与内容是否符合现行法律法规来划分，可分为合法型网络舆情和非法型网络舆情，等等。

上述分类并未能穷尽网络舆情的所有类型，也不是截然不同的划分，各类型舆情之间可能存在交叉和转化。如，有些网络舆情是因某些官员腐败引发的群体维权事件或社会冲突事件，有些娱乐八卦型舆情则与社会公益型或谣言传闻型舆情相关。

思考题：

1. 网络舆情能与网络舆情事件画等号吗？两者是什么关系？

2. 除了根据网络舆情事件内容和性质的不同将网络舆情分为五种类型外，还能有其他分类吗？如根据网络舆情起因的不同，可以将网络舆情分为哪些类型？

第二节　特征

网络舆情既有一般舆情的普遍特征，又有其自身的独特性。这与互联网传播载体的特点密切相关，深深打上了"网络"的印记。

一、群体性

一般舆情的参与主体，个体和组织并存。但网络舆情却呈现出鲜明的群体性特征，即使作为参与主体的个体，也是以群体中的个体出现，个体的声音被裹挟在群体的宏大话语之中，显得微不足道。也正是群体性参与，让网络成为舆情的主战场，强力推动和深刻影响舆情事件的发展进程。可以说，群体性是网络舆情最本质的特征。网络舆情中的网民，不是一个个零散的个体，而是一个社会群体，是某一网络舆情事件促成的具有共同利益、共同观点或共同关注对象的社会群体。

参与网络舆情事件的网民最初形成一个群体时，可能只是简单的相互认同关系，这种认同或缘于共同的关注对象，或出于共同的利益所在，或基于共同的观点看法。但随着群体合力对网络舆情产生影响，网民之间会自发形成一种较为固定的交往准则和行为模式，以实现群体的共同目标。这种行为规范不是复杂的、严格的规章制度，而是简单的、临时的通过互相信任、彼此接近形成的一些承诺和惯例。此外，参与网络舆情事件的网民具有共同一致的群体意识。在对待某一公共事件时，分属于不同群体的民众个体被要求在线上或线下的参与活动中保持一致，并以此与群体外的民众区分开来，形成一种群体归属感。这种归属感驱使群体内的成员为了共同期望，采取一致行动。这在基层维权型、发泄围观型网络舆情中表现尤为明显。

当然，网络舆情中的群体是一种非正式群体，是在某一事件的网络交流互动中自发形成的群体。由于群体内部结构松散，各个角色并没有明确的职责分工和地位高低，有时还会因观点分歧或关注点不同，产生较小的次级群体或子群体。但在参与网络舆情事件时，这种非正式群体仍然对外表现出一定的群体凝聚力，通过在网上关注、转发、评论等方式，在群体内部体现出一种人际吸引，在群体外部彰显出目标和行动的一致性。

二、大众性

大众性与互联网传播特点息息相关。由于网络使用门槛低、操作简便，随着智能手机的普及，普通人可以随时上网发言，从而让每一个用户都能够成为自媒体，成为信息的生产者和消费者。特别是突发事件和社会热点事件中，网络成了无数用户的"个人通讯社"。可以说，网络为世界带来了一个"人人都能发声，人人都可能被关注的时代"，让广大普通民众找到了展示自我的舞台。网上没有主席台，人人都是平等的主体，对于自己感兴趣的任何事件都可以自由地发表看法，自发结成利益相关或观点一致的群体，左右或影响网络舆情的发展走向。纵观江西宜黄拆迁、上海高楼火灾献花等众多网络舆情事件，参与主体绝大部分是普通民众。

考察网络舆情中的诱因与推力，我们也可以发现，尽管意见领袖和网络推手对网络舆情的形成和发展产生重要影响，但起最关键、最主要作用的往往还是普通网民。这是网络舆情事件与传统媒体公共事件最本质的不同。报纸、广播、电视等传统媒体推动的公共事件，充当"把关人"角色的传统媒体牢牢掌控着事件进程，并引导普通群众进行理性的、适度的参与，因此普通群众一直起着次要作用。但在网络舆情事件中，由于网络传播的开放性、自发性和匿名性，传统意义上的"把关人"缺位，网络监管者也往往力不从心，普通群众便成了舆情事件的参与主体，共同推动着网络舆情的发展演变进程。

三、匿名性

微博、微信虽然有加"V"的实名认证，但更多的是后台实名、前台匿名或通过邮箱等注册的完全匿名用户。互联网论坛、社区上的公众，大部分也是匿名用户。与传统媒体时代公众实名参与公共事件相比，网络用户匿名参与舆情事件的呈现方式迥然不同。网络舆情的匿名性特点，让许多参与者敢于表达观点和情绪，使得以前在传统媒体上难以受关注的公共事件浮出水面，最终水落石出，并得以解决。基层维权型、发泄围观型网络舆情之所以较多发生，就是因为网络舆情的匿名性。在这两类舆情中，最初的报料人或线索提供者大多是事件的知情人或利益相关人，在参与中不断提供新鲜素材和猛料的网民也多半是与事件有着特殊关系的人。他们依仗匿名性这一"保护"，轻而易举地催生网络舆情事件，吸引其他网民随意发表观点甚至发泄情绪。

匿名性不仅极大地激发了网民参与网络舆情事件的积极性，而且对网络舆情的形成和效果产生了重要影响。因为匿名，网民敢于无所顾忌地在网上表达他们真实的意见、看法和情感，即使有些不太理性的宣泄，也属于个性化的意见表达，多半不触及法律底线。网上呈现的许多原生态意见场，正是网络舆情独具的一大特色。如，在江西宜黄拆迁事件中，一些网民在微博上对宜黄县当地政府和主要领导匿名发表的几近控诉、超出理性的意见表达，产生了轰动效应，也带动其他网民参与进来，在短时间内形成了统一意见的巨大聚合力，最终推动了事件的解决。又如，在温州动车追尾事故中，一些网民匿名表达质疑、愤怒、失望和哀伤，让网络成了他们发泄情绪的场所。当然，情绪发泄也是一种参与方式，一些网民正是在发泄中表达对该事故的意见和看法。

四、互动性

任何公共事件的发生都或多或少具有互动性，但在互动性的广度、力度、速度等方面，其他公共事件远不如网络舆情事件。这与网络新媒体的传播特点密切相关。网络是一个全新的大舆论场，以"手机＋电脑"的形式，打通了现实空间与虚拟空间的界限，将手机短信、社交网站、博客、微博、微信等媒体功能"一网打尽"，并强化了各种网络媒介的纽带关系。网络信息的快速传播，更适应现代社会人们生活的快节奏，"关注"与"被关注"的互动，也让人们之间原本脆弱的人际关系变得更加紧密。网络也是一个全球互联的大平台，网民之间的互动交流可以"点对点"，也可以"一点对多点""多点对一点"。网民参与网络舆情的方式可以是留言、评论、转载，也可以仅仅是浏览。网络传播的这些特点，让互动性成为网络舆情与其他公共事件舆情截然不同的特征。

先说网络舆情互动性的广度。网络空间正以不断改进的用户体验、不断创新的应用程序，不断壮大它的用户规模，尤其是我国网民数量已超过10亿，使网络舆情具有其他类型舆情无法比拟的广泛性。这不仅体现在参与互动的网民的庞大数量，也体现在互动方式的多样化，如线上的关注、被关注、评论、转发，线下的面对面交流，以及文字、图像、音频、视频、链接等网上信息发布方式。这种互动不仅有网上零散、随机的互动，更有微博群、微信群、QQ群、BBS群等群组间的互动。网民可以加入不同的群组或话题组，参与信息分享和话题讨论。

再说网络舆情互动性的力度。这既体现于参与互动的人数多、合力大，也显示在网民参与互动时意愿表达的真实性、情感发泄的强烈性，以及对网络舆情事件发展的巨大影响力。

最后说网络舆情互动性的速度。网络信息发布的即时性，使得网民之间的互动不仅速度极快，而且中间环节很少。网民只需凭借一部手机或一台笔记本电脑，便可随时随地进行沟通交流。网上不仅可以直播网络舆情事件，也可以让网民即时参与互动，发表各自看法。

思考题：

1．网络舆情与一般舆情相比，有哪些异同？

2．网络为什么能成为舆情的主战场？

第二章 网络舆情的诱因与推力

网络舆情是怎样萌芽、发酵、发展和演变的？传言、谣言以及意见领袖、网络推手、网络水军在网络舆情生成演变过程中扮演着什么样的角色？意见领袖和普通大众在其中的心理特征和情感因素又是怎样的？本章将对聚合发酵舆情的各种要素进行逐一解析。

第一节 突发事件与敏感话题

任何舆情都源于一个个具体事件，网络舆情也不例外。纵观许多影响深远的重大网络舆情，最初都是发端于某个突发事件或敏感话题，继而引发关注，愈演愈烈，最后发酵演变成网络热点舆情。

一、突发事件

网络舆情大多起源于突发事件。突发事件的随机性、多变性和难以预测性，决定了网络舆情也不易预测，而且在平息前一直处于变化发展的动态过程之中。

网民之所以参与网络舆情事件，就是因为受到某一突发事件的共同吸引，而该事件的某些特征又强烈地刺激了网民的发声欲望。参与者心态不一、动机各异，或路见不平，或不吐不快，或好奇心起，或良心未泯……

总之，都不是平白无故地参与，而是突发事件的某些特征驱使网民有感而发，推波助澜，最终形成网络舆情。

我们以温州动车追尾事故为例，看看网络舆情是如何形成的。

2011年7月23日晚8时30分，浙江温州发生动车追尾事故。几分钟后，新浪微博网友"袁小芫"发出了第一条微博："D3115在温州出事了，突然紧急停车了，有很强烈的撞击。还撞了两次！全部停电了！我在最后一节车厢。保佑没事！现在太恐怖了！！——7月23日20时38分。"在新浪微博上，7月23日晚8时38分至7月28日0时，讨论量共有7821999条。新浪为此在新浪微博和新浪首页上开设专题"微博：在爱中成长的力量"，为广大网民提供了一个参与讨论、各抒己见的平台，使微博成为该事故舆情发酵的最大温床。

温州动车追尾事故以其无法预测的突发性、极大的社会危害性以及事故原因不明、伤亡情况不详、善后措施不力等因素，使人们对动车安全、铁路乘运安全甚至公共安全感到忧虑，也让人们对相关的公共管理和公共服务产生质疑。这种紧张、忧虑和质疑的情绪，直接刺激、推动着相关网络舆情的爆发。而广大网民在参与讨论中形成的共同信念或普遍情绪，又不断推动着网络舆情的发展变化。如，事故发生之初的"传递关注和力量"、救援基本结束后的"质疑和愤慨"、事故善后阶段的"悼念和反思"等，都成了网络舆情不同阶段发展变化的主导因素，也是政府部门做出处置决策、回应社会关切的重要参考。

二、敏感话题

敏感话题是网络舆情生成发展的重要诱因。温州动车追尾事故甫一发生，消息便在微博上不胫而走，特别是现场情况的微博直播，给这起网络舆情事件的应对处置增加了极大难度。而铁道部在救援过程中的措施不力和敏感话题上的回应失误，无形中对网络舆情的升级恶化起了推波助澜的作用。

在事发后的首场新闻发布会上，时任铁道部新闻发言人王勇平被记者问到"为何救援宣告结束后仍发现一名生还儿童"时，他说："这只能说是生命的奇迹。"随后，面对"为何要掩埋车头"的提问，他又回答说："至于你信不信，我反正信了。""我反正信了"迅速成为微博上的流行语，引发众多网民集中质疑官方公布的事故原因和死亡人数，在网上形成声势浩大的集群行为。

网上的集群行为迅速引起报纸等传统媒体的集中关注。《新京报》从2011年7月26日起，连续多天针对公众关心的事故原因推出系列深度报道，进行分析和质疑。《人民日报》也在7月29日的《人民时评》栏目刊发一篇题为《让公布遇难者名单成为制度》的评论，认为只有"一个个曾经的生命变得具体的时候，生者才会更加深切地意识到责任的重量，也才能真正吸取教训，痛改前非"。这些主流媒体的权威报道和评论在网上广泛转发，进一步激发了广大网民参与讨论的积极性，也提高了批评质疑声音的建设性。

按照"挫折—反应理论"或"挫折—回应理论"，温州动车追尾事故发生后在公众中蔓延开来的挫折感，促使公众作出反应或回应，即在网上质疑、表达不满和愤慨，形成强大的网络舆情声势。最终，国务院成立调查组对事故原因重新进行调查，时任上海铁路局局长、党委书记、副局长等领导被免职并接受调查，铁道部新闻发言人也被免职。这一事件还引发了一些人不坐动车或高铁的变相"抗议"行动，最终促使铁道部在当年"十一"前夕对全国范围内的动车和高铁降速、降价，并对所有列车进行安全运行大检查。

总之，实情决定舆情，网下决定网上。大多数网络舆情都是对突发事件和敏感话题的反应或回应。只有突发事件和敏感话题得到妥善处置或平息，才能最终有效化解网络舆情。

思考题：

1．突发事件是如何演化成网络舆情事件的？

2．传统媒体的介入会怎样影响网络舆情的走向？

第二节 传言谣言

在网络舆情生成演变过程中，我们时常可见传言谣言的身影。尤其是突发性、危机性、群体性网络舆情事件，传言谣言往往成为煽动网民情绪、诱导网民参与、制造矛盾对立、升级恶化舆情的重要因素。因此，深入剖析传言谣言，对网络舆情治理研究很有必要。本节对网络舆情中典型的传言谣言进行分类，探析其传播扩散的深层次原因。

一、网络舆情中传言谣言的类型

日本核辐射污染海盐、金庸去世、张国荣复活、金鹿航空迫降白云机场、广州多名女子失踪被割卖器官……层出不穷、漫天纷飞的网络传言谣言，让人惊呼网络正在成为传言谣言滋长的温床和加速器。按照传播动机、形式的不同，网络舆情中传言谣言可分为以下六种类型：

（一）恶搞名人型

2010年12月6日晚8时许，新浪微博上开始流传金庸的"死讯"："著名武侠作家金庸，因中脑炎合并胼胝体积水于2010年12月6日19点07分，在香港尖沙咀圣玛利亚医院去世。" 这是一起典型的恶搞名人型微博谣言。虽然凤凰卫视某主持人马上在微博辟谣称"金庸昨天刚出席树仁大学荣誉博士颁授仪式。另外，香港没有这家医院"，但这起谣言仍然在微博上被广为转发，严重侵犯了金庸的名誉权。谁是造谣的始作俑者已无从考证，其目的无非是利用金庸的名人效应吸引受众眼球，哗众取宠。另有网帖捏造《海贼王》画家尾田荣一郎于2011年3月11日在日本大地震中遇难，也属于这类谣言。

（二）商业策划型

2010年11月2日深夜到翌日凌晨，网上爆发一起匪夷所思的"张国荣复活"事件，短短两天内，新浪微博关于此事的评论多达3万条。后来证实这是一起商业策划。上海某公关公司为了向客户展示自己的实力，以"郭敬明舞美师爆料"的形式炒作了这条假消息。此类传言谣言还有张卫健患胃癌，罗志祥得性病，古天乐和李泽楷是情侣，迈克尔·杰克逊、张国荣、梅艳芳要一起开个复活演唱会……这些公关公司频繁利用网络造谣炒作，目的是吸引人气，产生流量，进而将流量变现。

（三）捣乱取乐型

"广州白云机场，金鹿航空737，起落架放不下来，现在要迫降了。"该消息由国内一门户网站高管于2010年6月8日中午在微博发出后，立即被多家网站当作要闻转发，吸引了众多网民关注，很多人千方百计挖掘更多信息。如网民"西门不暗"很快"披露"出更多"细节"，包括航班低空通场尝试重力放油、失败后重新拉高放油，其间机场关闭，大量消防车赶到，其他航班备降深圳，等等。8日中午，多家媒体记者赶抵白云国际机场，证实机场不曾关闭，一切运转正常，也无航班迫降。经查，造谣者所为没有商业目的，只想通过"忽悠"大众，满足其取乐心理。这类造谣行为，属于故意捣乱"逗你玩"。

（四）制造恐慌型

2011年3月11日，日本大地震引发福岛核泄漏事故，网上有帖子捏造英国"BBC新闻台"的消息称："日本政府证实因第二波地震而波及的福岛县的核能工厂辐射外泄抢救失败，已开始蔓延至亚洲区域国家，预计下午4点抵达菲律宾，建议人们在接下来24小时尽量不要外出，穿长袖衣物，保护身体免受辐射攻击，尤其是颈项部位最容易受害，请转达在亚洲的亲朋好友。"该谣言不仅有所谓的权威来源，而且以具体明确的细节和貌似亲切的关怀增加可信度，极易迷惑公众，加剧恐慌情绪。在日本大地震期间，最先通过微博发布的"日本核辐射污染海盐"并导致"抢盐风波"的谣言，也属于此类。此外，2013年9月底被刑拘的自称"环保专家"的微博"大V"董某，为追求轰动效应而炮制的"自来水里的避孕药""舟山人头发里汞超标""南京猪肉含铅超标""惠州猪肝铜超标"等传言谣言，也可归入制造恐慌型。

（五）主流媒体缺位型

2010年4月29日上午9时40分许，江苏泰兴中心幼儿园发生凶杀案，致使32人受伤，其中29名为儿童，引起社会轩然大波。联想此前不久发生的福建南平幼儿园持刀砍杀儿童惨案，人们更加渴求尽快了解事件真相。第二天，大量传言谣言通过网络散布，伤害程度、死亡人数也在不断变化，严重冲击官方发布的"没有一个孩子死亡"的权威信息。当时，所有媒体几乎都引用泰兴市政府网站4月29日一则简单的官方通报《泰兴镇中心幼儿园发生持刀行凶事件　受伤人员得到迅速救治》，导致传媒满足公众知情权的功能受到极大削弱。"正是因为传统媒体的缺位而造成谣言蔓延。人们为了寻求信息而转向微博，从一定程度上说，微博此时就扮演了主流媒体的重要角色。网络上的易传和便利又加速了信息的流动，大众无法辨别真正有效和准确的信息，一时间，网络成了谣言的温床。"[①]

时任武汉大学信息管理学院教授沈阳在《2011年第二季度网络舆情和微博问政报告》中，将网络造谣的手法较为形象地归纳为以下五种：一是捕风捉影，如网上曾广为流传的"和尚挎LV包"的照片，其实是一位和尚在南京火车站帮群众看包；二是凭空捏造，如喝留存在车内的瓶装水可致乳腺癌等；三是断章取义，如2011年6月北京市卫生局、北京市疾控中心

---

① 李林坚：《微博带来谣言时代？》，《青年记者》，2010年8月下。

针对国外出现出血性大肠杆菌疫情而向市民发出警示通知，却在网上被人解读为"出血性大肠杆菌入侵北京"；四是移花接木，主要表现为图文不符，如温州动车追尾事故发生后，网传受铁道部控制的遇难者家属被掐住脖子的照片，其实是武汉某地拆除违建时的场景；五是偷换概念，如2011年5月微博上盛传"汶川地震重建人均投资800万"，实际是故意将汶川地震区内的全部重建投资变成了仅对汶川一个县的投资。

（六）扩大影响博眼球型

2020年5月30日，刘某在其微博@小岛里的大海爆料称，她的女儿被广州市方圆实验小学教师体罚，导致呕吐、吐血，高烧10多天，烧坏了神经系统，留下了严重的后遗症；且孩子只有6岁，从小患有哮喘，体罚她的教师对此知情。事件过后，该老师仅仅被学校扣除几千元奖金，校长劝孩子的母亲别再追究。刘某称，班主任已经开始实施报复，并晒出其脸部被老师抓伤的图片。她还称，学校"强制家长多次缴纳班费，还跟我收过六万元所谓的孩子照顾费，一年一万"。

后经警方调查取证，刘某承认其女儿因遭体罚吐血、凌晨2时被老师威胁殴打、送老师6万元等情节，系其为扩大影响而故意编造的谎言，照片展示的衣服"血迹"实为化妆品和水，其女儿目前精神状态良好。据接诊其女儿的医院反映，就诊过程中患者及其家属均未提及哮喘病史和吐血的情况，刘某也无法提供其女儿哮喘诊断的有关病历证明。此外，警方还发现刘某涉嫌雇请他人进行网络炒作的相关证据。至此，事件真相彻底反转，网民指责乃至实施网络暴力的对象由老师转向这位所谓的"爆料人"。

二、网络舆情中传言谣言传播的原因分析

网络为何成为传言谣言传播的温床？沈阳教授认为，传言谣言产生的原因无非是"利益诉求"（一些吸引眼球的谣言能轻易地将附带的商业

信息广泛传播）和"心理诉求"（一些人借助谣言宣泄负面情绪）两个方面，"基于这些诉求，谣言在网络传播平台上早已有之，只是微博'随手转发'的模式，让谣言的传播进入了史无前例的快车道"。

网络舆情中为何传言谣言泛滥成灾？通过对多起网络舆情事件中谣言传播的实证分析，得出以下五个主要原因：

第一，自媒体为传言谣言传播大开方便之门。网络传播门槛低，只要有一台可以上网的手机或电脑，就可以随时随地成为信息（包括传言谣言）的发布者和接受者。而个人信息获取和发布能力的提高，进一步推动了网上信息的自由流通。由于绝大多数网民没有经过新闻专业技能和新闻职业道德培训，导致个人传播在一定程度上助长了传言谣言的扩散速度和广度。碎片化的网络传播，也往往造成信息要素不全或事实支离破碎。正如有学者分析微博的传播局限时所言："只有现场不求真相，只有片段不求整体，只有瞬间不求时间，微博对突发事件的传播在相当大的程度上只是一种猎奇。"[1]

第二，网上"把关人"缺失让传言谣言畅通无阻、大行其道。在报纸、广播、电视等传统媒体的信息流通过程中，"把关人"掌握着信息报道权和解释权，只有符合"把关人"价值标准的信息才能进入传播渠道。网络自媒体则是"所有人面向所有人"的传播，每个人都可能成为影响信息流动的关键节点，加大了信息管理难度。而目前网上"把关人"角色缺失，意味着每个人都可能成为传言谣言发布者或转发者。

第三，网络具有匿名性、便捷性、即时性、低成本、易转发等传播特点，加上手机上网用户日益增多，使网络成为传言谣言传播的首选载体。网络的匿名性，让传言谣言发布者易于隐身和逃遁。网络传播的低成本和

---

[1] 张跣：《微博与公共领域》，《文艺研究》，2010年第12期。

便捷性，便于直播和转发。作为开放平台，网上信息传播具有无限延伸、触达的可能性。但"萝卜快了不洗泥"，网上海量信息让人尽情享用的同时，也往往令人眼花缭乱、无暇思考、难辨真伪。因此，网络用户在对共同关注的信息或话题进行转发和跟帖时，传言谣言也会乘虚而入，传播扩散。

第四，由于网络拥有庞大用户群和良好互动性，"粉丝"在其中具有独特商业价值，经常被某些企业廉价利用，成为专业化生产传言谣言以获取广告效应、经济利益的载体。据媒体报道，买卖"粉丝"已经公开化、市场化。"花两毛钱，你就可以在淘宝网上购买到一个微博'粉丝'；如果你够慷慨，花2399元就可以买到3万个'粉丝'，享受到大明星一样的众星捧月"。这些"粉丝"，"有的是手工注册的，有的是用相关软件注册的"，"有团队专门做这个工作，少的时候一两个人，多的时候会有10多个人"，"还有人已经注册了1万多个微博账号，可以根据客户的需要销售"，"如果量大的话，还可以再通过软件刷"。[①]

第五，社会危机事件发生后，权威信息发布不及时不充分，给网络传言谣言留下生成传播空间。公众高度关注危机事件，如果主流媒体迟迟不报道，自媒体就会擅自传播流言和小道信息，吸引盲从的网民热议和转发，从而使流言和不实信息四处扩散和不可控制。中国人民大学新闻学院教授郭庆光认为："流言是一种信源不明、无法得到确认的消息或言论，它是集合行为中的主要信息形式，通常发生在社会环境具有较高的不确定性，而正规的传播渠道如大众传媒等不畅通或功能减弱的时期。"[②]美国心理学家G.W. 奥尔波特（G.W. Allport）和利奥·波斯特曼（Leo Postman）

---

① 韩利：《2毛钱一个批发"微博粉丝"淘宝店月入3000》，《成都商报》，2010年5月24日。

② 郭庆光：《传播学教程》，北京：中国人民大学出版社，1999年，第98页。

1947年曾提出一个著名的传播学公式：谣言=（事件的）重要性×（事件的）模糊性（即R=I×A）。[①]从中可以看出，事件越重要、事实越不清楚的时候，谣言就传播得越快、越广，危害越大。1953年，美国社会学家罗布·克罗斯（Rob Cross）对上面的公式进行了修正：谣言=（事件的）重要性×（事件的）模糊性/公众批判能力。[②]在这个公式中，克罗斯把公众批判能力作为影响谣言传播的一个重要因素，认为受众的批判能力越强，谣言传播的可能性就越小，反之则越大。如江苏泰兴中心幼儿园凶杀案发生后，人们迫切希望了解事件真相，但当地主流媒体对事件集体失语，政府网站也只发了一个非常简单的通报。由于官方通报满足不了公众的信息需求，一些网民便转而打探小道消息，致使传言谣言迅速在网上滋生蔓延，事实真相却被漫天谣言所掩盖。可见，该案具有事件的重要性，主流媒体的失语又让事件具有模糊性，一些网民的批判、鉴别能力也较弱，从而满足了上述两个谣言传播公式的构成要素。

三、网络舆情中传言谣言传播的控制：加强监管、增强信息透明度、提升网民素养

网络舆情中传言谣言的大肆传播，会产生很多负面社会影响。那么，应如何控制传言谣言传播？传播学理论认为，信息控制对于其控制对象产生作用主要通过五个环节：信源控制、信息内容控制、环境控制、传播过程控制、传播效果控制。据此，可从如下三个方面对网络舆情中传言谣言传播进行有效控制。

[①] Allport,Postman. *The Psychology of Rumor*.New York:Henry Holt,1947,P133-135.

[②] 李晖：《重大突发事件的谣言控制——以汶川"5·12"大地震为例》，《西南民族大学学报》（人文社科版），2008年第10期。

一要加强对网络舆情中信息发布的监管。提供服务的网站应当依法依规加强网络信息内容管理，切实起到后台"把关人"的作用；一旦发现传言谣言，就要立即予以删除或屏蔽。信息发布者大都匿名，且信息数量庞大，监管虽然不易，但网站仍应从规章制度、技术手段、信息发布流程和处罚措施等方面，积极探索行之有效的监管办法，坚决遏制网上传言谣言传播蔓延。

二是发挥传统媒体在增强信息透明度、控制网络传言谣言传播中的作用。网络舆情事件尤其是社会危机事件发生后，公众往往半信半疑，急于打探消息，如果这时传统媒体迅速、全面、客观地报道事件最新进展，增强信息透明度，就能最大限度地挤压传言谣言的滋生空间。即使网上已经出现传言谣言，只要传统媒体及时回应、准确报道，也会起到有力的辟谣澄清作用。

三是提升广大网民的媒介素养。网民媒介素养除了从信息接受者和消费者角度来培养外，还要从信息生产者角度加以规范，主要包括对网络信息的选择和辨别力、批判性思考和解读能力，以及通过"赋权"促进网络媒介社区健康发展的能力。网民提高媒介素养，可从以下几个方面着力：

首先，广大网民要具备对网上纷繁复杂、瞬息万变的海量信息的基本辨识与分析能力，能去伪存真，履行个人"把关人"职责，并能排除繁杂信息环境带来的干扰。在"去中心化"的网络平台中，网民这种较强的分辨、判断能力显得尤为重要。

其次，广大网民要有对互联网信息的批判性解读能力，也就是说，要对网络信息的观点正确性进行甄别。网上信息大多不是来自专业媒体，而是源于良莠不齐的各种自媒体和商业媒体。多元的信息环境，常常会引发网民的跟风和盲从。故此，网民不能成为被动的受众，而是要用批判性思维看待信息，做观点与意图的主人。美国资深记者科瓦奇等在写给普通公民的新闻消费指南《真相》一书中提出，在我们遇到难以把握的新闻事件时，可以用以下六步去发问，进而识别真相：一、我遇到的是什么事情？二、信息完整吗？假如不完整，缺少了什么？三、信源是谁（什么）？我为什么要相信他们？四、提供了什么证据？是怎样检验或核实的？五、其他可能的解释或理解是什么？六、我有必要知道这些信息吗？[①]不论是作为报道信息的媒体人，或是接收信息的公众、发表看法的网民，我们都应该学会问问自己，即使不能够完全摸清事情的真相，也应该有自己的见解，多一些理性的思考，而不是只靠自己的想法和情绪去看待新闻。通过提问，我们问自己这条新闻为什么会发生？这条新闻的真相只是我们所见的这样吗？我们是不是该这么评论？这样，我们在审视这条新闻的同时，也在审视我们自己。在人人传播的自媒体时代，我们尤其需要认真分辨外界信息，而不是人云亦云、盲信转发。

再次，广大网民要具备合格的信息生产与再生产能力。网民不再是传统意义上的受众，他们以写微博、发微信、发帖、跟帖、留言、互动、转发甚至恶搞等方式直接参与信息的生产与再生产。因此，网民应当强化媒介传播素养，负责任地发布或转发信息和言论；对于真实性无法验证的小道信息，以及侵犯他人合法权益、有损公序良俗、危害社会稳定的不良信息，不予转载。

最后，广大网民要有理性参与公共事务的能力，防止"恶搞名人""捣乱取乐""制造恐慌"等现象出现。网民要以建设性态度参与网络讨论，即使处于匿名状态，也不能把互联网当成个人情绪宣泄的场所，共同维护好网络生态。

---

① ［美］比尔·科瓦奇、汤姆·罗森斯蒂尔著，陆佳怡等译：《真相：信息超载时代如何知道该相信什么》，北京：中国人民大学出版社，2014年，第34页。

综上可见，网络舆情中传言谣言产生原因复杂多样，类型五花八门，极易欺骗公众，引发恐慌情绪，甚至酿成现实群体事件，危害社会稳定。如果不依法打击网络造谣传谣行为，就会形成"破窗效应"，导致"劣币驱逐良币"，最终影响网络传播行业的健康发展。为此，必须建立造谣惩诫长效机制，让法律之剑高悬于网络空间。同时，网民要提升媒介素养，文明依法用网，决不造谣、信谣、传谣。

思考题：

1. 除了本节介绍的网络舆情中传言谣言的类型，你还能找出其他类型吗？

2. 请列举网络舆情中传言谣言的危害性，并提出有效预防和应对传言谣言的对策建议。

第三节　意见领袖

网络舆情的推力不外乎意见领袖、网络水军和大众心理三个方面。本节先讨论意见领袖。虽然意见领袖也是网民中的一员，但又不是普通一员。他们对网络舆情的组织动员和发展变化全过程都起着不同寻常的作用。

一、意见领袖在信息传播中的中介功能

"意见领袖"这一概念，最早由美国著名社会学家、传播学四大奠基人之一拉扎斯菲尔德等人提出。他们认为，一般情况下，"信息是通过大众媒介传播到意见领袖，再从意见领袖扩散到其追随者中去"[①]。也就是说，意见领袖是信息传播链条中的中间站，信息在这一中间站被加工成意见和观点，并传播到关注他们的广大固有受众，即俗称的"粉丝"。（见下图）他们能够影响别人的观点、态度甚至行为，在信息传播中起到"加工厂""包装店""发酵池"的作用。

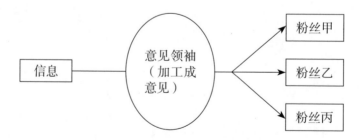

意见领袖对信息传播的中介功能图

---

① Lazarsfield, Berelson, Hazel Gauset.*The People's Choice: How the Votes Makes Up His Mind in a Presidential Campaign*. New York: Columbia University Press, 1948, P151.

在很多网络舆情事件中，意见领袖既是积极参与者，更是挺身带头者，对网民参与的组织动员、舆情的发展变化等各个阶段都起着"带头大哥"似的促进或引导作用。

在网络新媒体出现之前，意见领袖大多由传统媒体的记者、编辑、专栏作家等充当。他们把关能力较强，普遍能起到正确引导社会舆论的作用。新媒体出现后，由于网络传播的自发性特点和"把关人"的缺位，来自体制内外不同领域的意见领袖得以同台发声、各抒己见，对网络舆情事件既可能产生积极正面作用，也可能带来消极负面影响。

二、从微博解救乞讨儿童行动看意见领袖在网络舆情中的作用

2011年春节期间的微博解救乞讨儿童行动（或称微博打拐行动），是一个公众参与人数众多、具有广泛社会影响的网络舆情事件。我们可以从设置公共议题、激发公众参与、引导舆情走向、评判事件效果等方面，看到意见领袖在这起网络舆情事件中的主导力和控制力。

2011年1月25日，著名社会学者、中国社会科学院研究员于建嵘在微博上发起"随手拍照解救乞讨儿童"行动，得到公众广泛关注，短短几天时间就有上万人响应。于建嵘等意见领袖成为这起网络舆情事件的引发者和推动者。此事在短期内初见成效，各地不时传来乞儿回家的喜讯。这些喜讯进一步激发了民众的参与热情，春节前后仅半个月时间，就有2000多张流浪乞讨儿童的照片及相关信息上传微博。新浪微博也在2月9日设立了"儿童救助寻子平台"，发起"解救乞讨儿童、传递寻子信息，微博在行动"的公益活动。这些活动得到了公安部门的关注与支持，并有人大代表、政协委员在全国"两会"期间就此问题提交相关建议和提案。

（一）意见领袖推动公共议题

美国学者韦弗1976年的一项调查结果认为，公众的议题包括个人议

题、谈话议题、公共议题。①公共议题是那些与广大公众的公共利益密切相关、具有公共性并广受关注的话题。但对网上海量信息来说，由于主题分散、杂乱无章，绝大多数都得不到公众集中关注，不易成为公共议题，也就难以催生网络舆情。网上信息哪些能成为引发公众广泛参与的公共议题，首先取决于信息反映的事件是否具有足够的社会影响力和关注度。如微博解救乞讨儿童事件，触及了一个重大社会问题，那些被拐儿童的凄惨经历和子散家破的人间悲剧极易引发广大公众的同情心，拐卖和逼迫儿童乞讨的恶劣犯罪行径也让广大公众义愤填膺。事件具有的这些"内在因素"，是其成为公共议题的必要条件。

但仅有"内在因素"这个必要条件，也难以成为公共议题，还需要一个"外在因素"作为充分条件，那就是意见领袖的推动。意见领袖知名度高、号召力强，何况于建嵘等人的微博已是名人微博，其一举一动、一言一行更能引起社会公众普遍关注。他们在此事发酵为公共事件的过程中起到了催化剂的作用，彰显出议程设置和引导公众参与的强大力量。"专家、学者型的名人通过微博传播的信息，初始可能只在小范围内产生影响，但是他们的声音一旦经过微博这个'放大器'的放大，就会变成强有力的呼声，并在短时间内形成网络的舆论场。"②纵观新浪微博"热门话题"排行榜，那些文体明星、专家学者等各界意见领袖拥有数量众多的"粉丝"，其引爆公共议题的频度更高。

意见领袖推动公共议题的作用主要体现在三个方面：一是意见领袖的名人效应（引起公众关注）；二是意见领袖的社会公信力（值得公众关注）；三是意见领袖对相关领域的专业知识（引导公众关注）。这三个作

---

① 郭庆光：《传播学教程》，北京：中国人民大学出版社，1999年，第216页。
② 王淑伟、谭园玲：《微博公共事件发生机制分析》，《新闻爱好者》，2011年10月上。

用极易推动个人议题转化为公共议题。微博解救乞讨儿童行动中的意见领袖就同时具备这三个作用。发起行动的中国社会科学院农村发展研究所研究员于建嵘，因长期关注弱势群体和农民维权问题而备受社会公众尊敬。

（二）意见领袖激发公众参与

意见领袖推动个人议题转化为公共议题，引起公众广泛关注。他们凭借自身的名人效应、社会公信力和相关专业知识，能够有效激发广大公众参与公共议题的热情。

微博解救乞讨儿童行动是一起典型的由意见领袖在微博上发起倡议，公众线上线下响应联动的网络舆情事件。微博平台可以集文字、图片、视频、音频等内容于一体，便于意见领袖组织发动公众参与活动。于建嵘发起的随手拍照解救乞讨儿童行动中，无论是以个人身份还是以单位机构名义注册的微博用户，都可以发布乞讨儿童照片及相关线索，受害者家属也可以发布寻人启事。公众发布的微博信息和线上线下的参与互动成为公安机关、群众团体解救被拐儿童的重要线索来源和群众基础。据统计，截至2011年2月底，该行动开展仅一个月，各地公安机关利用微博提供的线索，已成功解救了5名被拐儿童。

（三）意见领袖引导舆情走向

在微博解救乞讨儿童行动等网络舆情事件中，意见领袖通过影响广大公众的参与行动，达到引导网络舆情走向的目的。具体来说，就是在微博上发布其观点和意见，吸引关注他们的"粉丝"参与行动，并通过"粉丝"吸引"粉丝的粉丝"。在这种裂变式的微博传播中，意见领袖的观点、意见达到传播效果的最大化，并直接转化为众多参与者惊人的行动力，强力推动并深刻影响着网络舆情的进程和走向。

网络"粉丝"是指"关注我的人"或"粉我的人"。"关注"是微博、微信等网络传播的重要特性。"粉丝"之间也可以相互关注，即"互粉"。意见领袖的一言一行都会牵动万千"粉丝"的心。他们在"认知—态度—行动"三个传播效果层面逐步推进，最终实现引导网民参与行动的目的。意见领袖设置的话题往往成为"粉丝"们热切关注和积极讨论的公共议题，能轻而易举地实现让"粉丝"们"认知"的传播效果。意见领袖也是公共议题讨论中的舆论领袖，能够以其观点和意见改变"粉丝"们原有的立场和态度，让他们逐步结成"意见统一体"乃至"行动统一体"，纷纷参与网络舆情事件，从而推动事件发展，牵引舆情走向。

正是在意见领袖的推动下，广大公众成为参与微博解救乞讨儿童行动的主力军。从2011年1月25日于建嵘注册新浪微博账号至2011年3月底，该账号"粉丝"已达23.6万人，发布微博信息4000多条，转发量不计其数。这些信息不仅为被拐儿童的亲属和公安机关提供了重要线索，也推动着这起网络舆情事件向纵深发展，由最初单一的线上公众参与发展到线下的公众互动，以及公安、民政等政府部门和妇联、红十字会等社会团体、公益组织的积极介入，最终取得了良好的社会效果。

意见领袖对网络舆情社会效果的评判，也体现在其引导舆情走向的过程中。如果这种评判是正面的，意见领袖便会进一步激发公众的参与热情，引导网络舆情向预设的方向发展；若评判是负面的，则会采取抑制公众参与热情、给"粉丝""浇冷水"、澄清有关事实真相等手段来扶正网络舆情走向。

意见领袖的推动也可以从网络舆情事件发展的不同阶段不同意见领袖间的力量博弈中体现出来。微博解救乞讨儿童行动经历了"意见领袖倡议—公众参与—政府部门介入"三个阶段。在"意见领袖倡议"阶段，亦即引发公共议题阶段，于建嵘是权威的、核心的意见领袖，在公众参与中发挥着"主心骨"的作用。在此阶段，公众舆论呈现出"一边倒"的趋势，公众参与也呈现"一窝蜂"似的跟风现象。①但2月12日至3月，微博上的意见领袖出现分化，权威开始淡化，核心开始分解，分属不同意见领袖的公众阵营（"粉丝"群）开始出现，原有的公共议题也呈现分化趋势，微博上出现各种不同的甚至相互对立的声音。支持的声音认为，"微博解救乞讨儿童"彰显社会良知和正义；反对的声音指出，微博上传乞讨儿童照片可能给他们带来人身危险，可能侵犯乞讨儿童隐私权，可能给公安机关侦查案件帮倒忙，等等。由此，事件进入"公众参与"阶段，公众不再盲从权威意见领袖，而是开始对事件进行独立思考和理性判断，并展开全方位、多角度的讨论。公众舆论由权威意见领袖主导的"一边倒"局面，转为在不同意见领袖之间观点、力量博弈中的"制衡抵消"状态。意见领袖在维持强关系的基础上，极大程度上发展了弱关系，他们的各执一词带动各自"粉丝"群起响应、分庭抗礼，使个人议题在舆情博弈中变为公共议题。②这种力量博弈一直持续到"政府部门介入"阶段。随着网络舆情开始从私权利领域向公权力领域转移，意见领袖逐渐淡出，公众参与也随之退场。

（四）正视网络意见领袖的负面作用，防止其操纵和利用舆情

网络意见领袖是网络舆情的"传声筒"和"扩音器"，甚至可以改变网络舆情的发展轨迹。因此，我们不可忽视意见领袖在网络舆情生成、发展、演变等各个环节的负面影响。意见领袖可能因为其言论存在歧义或偏颇而误导公众，也可能出于非正当目的恶意制造或操纵舆情，还可能被舆情事件中的利益相关群体所蒙蔽和利用。

于建嵘发起"随手拍照解救乞讨儿童行动"的本意，是希望减少儿童

---

① 陈虹、朱啸天：《解构公共事件中的微博能量——以"微博打拐"事件为例》，《新闻记者》，2011年第5期。

② 同上。

被迫行乞现象，但行动本身的描述、说明以及后来的推动都存在歧义。这导致行动开始不久，就逐渐演变成"微博打拐"，并朝此方向一路狂飙。公众对携童人员过度怀疑，以致发生多起错报错转乃至误伤事件，从而超越了合理范畴，有的甚至突破了法律红线。

2011年6月1日下午3时许，有网友发微博称，在沈阳到北京的列车上，发现一对男女带了个小孩。小孩长相、穿着和该对男女非常不符，且长哭不止，怀疑是被拐卖。下午4时许，"微博打拐"中的某网络意见领袖转发了该条微博，使该信息迅速传开，转发量瞬间过千，牵动千万人心。但后经警方调查，这三人确实是一家三口，来自辽宁沈阳。

此次事件后，有不少声音力挺该意见领袖，认为"误转"是打拐必须支付的成本，不应对此太多苛责。然而，不可忽视的是，由于此事在网上影响太大，北京警方紧急调派了20名警员展开调查，这无疑是对公共资源的浪费。而此后，因为力挺之声不绝，各种误报也频频出现。如，2016年1月26日，有网友发帖称重庆一小男孩走丢，重庆警方随即投入近100名警员进行搜寻，最终却发现小男孩被爷爷带去动物园游玩了。由于爷爷是外地人，刚来重庆几天，且外出时忘带手机，小男孩的父母联系不上，以为爷孙俩丢了，便在网上发出寻人启事。但部分网友转发时只提到小男孩走失，并未提及爷爷，结果受到广泛关注，引发一场"全城寻人"。

由网络意见领袖发起的打拐行动中，公众资源被大量不合理占用，公安机关等相关部门正常工作秩序受到影响，事件当事人也因此受到较大困扰。而由于意见领袖具象化、情绪化的言论更容易引起公众关注，导致官方话语受关注度持续走低，很多客观、真实信息的发布渠道变窄，偏激、虚假信息却四处传播。无论是救乞还是打拐，都在真假判断、口水之仗的旋涡中变得极其混乱、无序和低效。

三、意见领袖与网络舆情的关系：两种理论视角的解读

在资源动员理论看来，意见领袖对网络舆情中的公众具有重要的动员作用。最初参与事件的普通公众个体，多是受害者或利益受损的弱势群体成员，是社会中最缺乏资源的人，不具备动员公众参与公共事件的能力。"群体性行动要能够发生，需要有外来资源（外力）的帮助。资源和掌握资源的人士对于群体性行动至关重要。"①意见领袖便是掌握着资源的人士，可以推动、引导、强化甚至操纵网络舆情事件中的公众参与。从这个意义上讲，网络舆情事件中公众参与行为的发生，与其说是公众因不满、热心、好奇等情绪所驱使，不如说是意见领袖们动员相应资源、组织运作的结果。如在微博解救乞讨儿童行动中，乞讨儿童及其家属是整个公共事件的关注对象，也是受害者和弱势群体，但他们自身资源有限，难以实现分散的个体事件向网络舆情事件转变。正是由于于建嵘等具有强大社会影响力和号召力，且拥有一般人无法比拟的社会学、传播学知识及传播渠道等资源优势，让他们在动员公众参与时能够发挥较大作用。

社会网络理论认为，社会网络（social network）是由许多社会行动者（social actor）结合而成的集合。具体到互联网上，便是指网络用户与其关注对象及固定"粉丝"群等，在关注、转发、"互粉"等信息传播活动中编织着线上和线下的社会网络。传播学者彭兰对意见领袖与社会网络的关系有过详细而精辟的论述。她认为，社会网络中存在着权力关系。处于权力中心的意见领袖能够保持稳定的、强势的个人传播能量，并左右着信息传播的规模和流向。这种社会网络中权力中心的存在，突出地表现在互联网空间上话语权力的分化。网上出现的意见领袖，除了知名度、社交

---

① 胡联合：《群体性事件：何以发生与演化——关于群体性事件的理论及其启示》，《中国社会科学内部文稿》，2009年第3期。

能力、知识背景等个体自身的特质之外，还受制于网络环境助推下出现的"强者愈强、弱者愈弱"的马太效应和社会环境、时代背景的影响。"作为一种再传播力量，网民权力分层也是影响传播效果的一个因素。也就是说，当网民作为转发信息的力量时，不同网民的能力也是不尽相同的。一条信息如果得到处于权力高层的网民的再传播，那么效果会相应得到提高。因此，一条信息要获得更好的传播效果，就需要争取获得更多意见领袖等'权力高层'网民的支持。而从整体上看，意见领袖这样的权力中心的存在，有助于提升微博信息传播的影响力。"[①]具体到"微博解救乞讨儿童行动"等网络舆情事件，意见领袖的加入，可以发挥其社会网络广阔的优势，放大公共议题，实现观点、意见的再传播，增强网络舆情事件传播的正面效果。但不可忽视的是，意见领袖也会因为误转误传而浪费公共资源，影响相关部门正常工作秩序，弱化官方发声渠道的作用，对舆情事件的传播产生负面影响。

思考题：

1. 意见领袖与"粉丝"是什么关系？

2. 意见领袖是怎样影响网络舆情的？

3. 假如你是一名网络"大V"，请问在一起具体的网络舆情事件中，你如何调动公众参与的积极性？

---

① 彭兰：《微博客的信息传播机制分析》，载巢乃鹏主编：《中国网络传播研究（2011·第5辑）》，杭州：浙江大学出版社，2011年，第138页。

第四节　网络推手和网络水军

网络推手和网络水军是许多网络热点背后的"黑手"。他们为个人名利或受人请托，炒作、放大甚至策划、操纵相关网络舆情事件，对网络舆情生态造成严重负面影响。

一、网络推手推动网络舆情形成的特点及组织运作方式

网络推手有两层含义：一是指懂得网络信息推广，能使某一事件或话题引起广泛关注、形成舆情热点的人，与网络意见领袖类似；二是指以网络为平台，通过人工或机器方式，对某一事件或话题进行刷榜、刷量、控评，令其形成网络舆情的人。后者专事炒作和攻击，违反道德乃至法律。本书仅指第二类网络推手，以区别于网络意见领袖。

网络推手形形色色，炒作目的各异，手段五花八门。有的想出名，有的促销产品，有的打压对手，有的恶搞取乐，有的甚至煽动社会不满情绪，制造矛盾对立。

网络推手深谙舆论场的流量秘诀，善用社会公众的"围观""吃瓜"心态，将预设好的议题在多个网站或微博、微信群里抛出，同时雇用大量"水军"在短时间内集中关注、转发和评论，将该议题以最快的速度和最大的广度传播出去，"极力造成群体效应，使受众迫于群体压力，接受其预定好的观点"，[①]以达到引起公众注意、形成舆论热点的目的。

那么，网络推手是如何策划推动网络舆情形成和发展的？其手法主要

---

① 彭媛、张曼玲：《从传播学角度解读网络推手出现的必然性》，《新闻界》，2008年第3期。

有如下三个方面：

一是对目标事件进行有目的性的曝光。在这种事件中，网络推手以爆料人或"深喉"的身份出现，或揭秘内幕信息，或发布独家新闻。在引发舆情初期，他们常常被网民当成富有勇气、正义感和社会良知的人。可是，随着事件发展或尘埃落定，甚至几年以后，他们往往会被知情人揭开面纱，露出网络推手的真面目。

2011年7月初在微博上引爆的广州街道办主任裸聊事件，就是网络推手策划操纵的。一知情人士将广州市白云区新市街道办事处主任刘宁在网上"裸聊"的5张视频截图发至微博，其中有截图露出其性器官。随后，广州多家媒体报道此事，引发公众关注和评论，导致刘宁接受有关部门调查并被免职。一开始，公众便被"疑似"政府官员"刘宁"的"裸聊"视频截图所吸引，迫切希望了解其真实身份。在经过一些网民比对此"刘宁"与彼"刘宁"的有关照片，最终得出是同一个人的结论后，公众对刘宁的丑恶行为表示愤慨，纷纷表达追究其责任的诉求，直到刘宁最后被免职，公众才"解了恨""消了气"，参与也才告一段落。但在事件发展过程中，公众并不关心举报者的身份和动机。直到刘宁被免职后，有些网民才在微博上建议搜寻举报者。不过，这时大多数网民的兴趣和关注点已经转移，对此事件已经"提不起劲"，举报者的身份和动机便被公众轻易忽略过去。

事后有知情人得知，举报者是为了让刘宁无法连任街道办主任。此人就是一个典型的网络推手，因为他揭露刘宁丑行完全是出于私人目的，只是客观上起到了监督官员的作用。

从这起网络舆情事件中，我们可以看出，网络推手很好地掌握了微博等新媒体的传播规律，熟知公众关注点和兴奋点，成功操纵众多网民参与批评监督，最终达到个人目的。

郭美美事件的始作俑者郭美美也可归于网络推手。虽然该事件的发展走向和最后结果并不一定是她所期待的，但她当初虚构"红十字会商业总经理"的微博认证身份，在微博上"炫富"以博取公众眼球，并不断煽风点火，无疑是为了"扬名获利"。后来她在舆论重压下，不得不由母亲陪同现身宁夏卫视《解码财商之财经郎闲评》节目，接受著名经济学家郎咸平独家专访时，也毫不掩饰地透露出她操纵公众参与微博事件的目的："想进娱乐圈。"①

二是对目标事件进行有目的性的加工、夸大甚至捏造。在这种事件中，网络推手爆料或发布的信息要么加工渲染，要么夸大其词，以达到其恶意炒作或商业利益目的。由于网上信息五花八门，网民很难在短时间内甄别真伪，致使网络推手的营销炒作频频得手。

"金庸被去世"事件，就是网络推手策划炒作的。2010年12月6日晚8时许，新浪微博上开始流传一条消息："著名武侠作家金庸，因中脑炎合并胼胝体积水于2010年12月6日19点07分，在香港尖沙咀圣玛利亚医院去世。"一时间，该消息被众多网民转发扩散。后来大家才发现，这是一起典型的恶搞名人型网络谣言。造谣者是谁已无从考证，其主要目的就是傍名人、博关注、增"粉丝"。

"英国卫裤壮阳"事件，则是网络推手为谋取商业利益而炮制的。2019年3月28日，江西新余市公安局端掉了一个网络推手犯罪团伙的制假工厂，现场查扣假冒伪劣产品"英国卫裤"百余箱，涉案金额达1000余万元。该团伙有17人，注册了21家空壳公司、247个微信公众号，招收大量员工组成多个"战队小组"，在网上传播"英国卫裤具有壮阳保健功效"的虚假图文信息，吸引网民大量转发，酿成重大网络舆情事件。经调查，该产品为伪劣内裤，每条售价198元，成本仅6元。

---

① 贾肖明、欧婉霞：《"郭妈"炒股神话惹骂声一片》，《南方日报》，2011年8月5日。

更有甚者，通过操纵利用舆情敲诈勒索。如2020年3月，安徽安庆市公安局侦破一起网络推手删帖牟利案，犯罪嫌疑人郝某某等人搭建黑网站，采集发布他人负面信息，待他人联系付费后删帖，或以发布负面新闻为要挟，索取相关单位钱财，并与多个敲诈团伙勾连作案，形成利益共同体，实施敲诈勒索97起。

三是将目标事件与热点议题"嫁接"，对公众情绪进行"非理性刺激"，[1]吸引公众注意力。在实施过程中，网络推手将目标事件隐秘地融合在备受关注的热点议题中，或者通过某些包装手法将目标事件与热点议题关联起来，煽动公众的非理性情绪，让目标事件搭热点议题的"便车"，推动公众在关注热点议题的同时，将注意力转移到目标事件中来，激发公众参与目标事件的欲望。

日本福岛地震导致核泄漏后的"抢盐风波"，就是网络推手将目标事件与热点议题"嫁接"的结果。2011年3月16日，浙江许多地方的群众开始抢购食盐。随后，上海、广东、广西等地群众纷纷仿效"抢盐"。祸根是微博上广为流传的几则有关"碘盐中的碘可防核辐射""日本核辐射污染了海盐"等谣言。[2]尽管有媒体辟谣和业内人士作出解释，但一些群众还是争先恐后地去超市门前排队买盐。紧接着，市场上食盐被买空的消息在网上传播开来，加剧了群众的恐慌性抢购。后来政府有关部门赶紧向市场投放充足食盐，并请权威专家出面辟谣，这场"抢盐风波"才得以收场。从舆情分析看，网络推手利用了公众对日本地震的强烈关注，以及对可能面临核辐射灾难的恐惧心理，有效煽起了不少网民的非理性情绪，实

---

① 王子文、马静：《网络舆情中的"网络推手"问题研究》，《政治学研究》，2011年第2期。

② 张棻：《日本核辐射引发多种谣言，新浪微博展开辟谣》，《北京晚报》，2011年3月17日。

现了将他们的注意力转移到"抢盐风波"中来的目标。

尽管这些网络推手的身份一直未见查证结果，但透过这起"抢盐风波"舆情，可以证实他们有着明确的商业目的。如3月17日，"抢盐风波"发生第二天，中国股市开盘后，A股市场上云南盐化等相关盐业个股放量大涨，有些股还出现涨停现象。当天，云南盐化资金净流入2535万元，而高居当日买入榜前五位的营业部，清一色来自浙江地区。有机构根据几家营业部的买卖资金计算，参与云南盐化炒作的浙江游资至少有5000万元，占当日这只个股成交量的比例达50%。而在次日的交易信息中，上述5家营业部中有4家出现在卖出榜前五位。浙江证监局随后对有关"游资推动抢盐风波"的传闻展开紧急调查。虽然调查结果表明，这些浙江游资"属于'高价加仓，割肉清仓'，是一次失败的炒作，暂无充足证据显示其是本次食盐抢购风波的'幕后推手'"，但也很难排除有游资提前布局的嫌疑。交易数据显示，3月15日，云南盐化成交量由前一交易日的2195万元猛增至9323万元。对此，有媒体评论称："有没有游资为了在股市套利而传播谣言和制造市场恐慌？显然需要监管部门更多、更深入的调查。""事实上，游资操纵市场的交易过程极为复杂，利用信息操纵市场更具有难以理清的隐蔽性，监管部门以往多次对一些操纵市场案的查处陷于僵局，其原因便是在这方面难以取得突破性进展。"[1]

此外，一些借灾难发不义之财的商家从中获利，原本一包只卖一两元钱的食盐价格飙升，一些地方甚至炒到了二三十元钱一包。这些无良商家在"抢盐风波"中客观上起到了传谣、炒作、诱导公众参与抢盐的作用，充当了一回轻量级的网络推手。

当前，网络推手日益呈现出从个人经营向专业化、协同化、产业化

---

[1] 新京报社论：《发"谣盐"财的游资该当何责》，《新京报》，2011年3月22日。

方向发展的趋势。由于网络传播具有即时性、广泛性、普及性等特点，越来越多的公关、营销公司利用网络推手，制造舆情事件，诱导公众参与，从中获取利益。一些企业、个人和公共组织，也依靠网络推手进行宣传营销、打压竞争对手或删除负面帖文。不少网民则自觉不自觉地成为网络推手任意摆布的流量棋子，令其造谣炒作如鱼得水。

网络推手的组织运作方式也越来越丰富多样：有的在某个时段在网上集中搜集某个目标对象的负面信息，在网上进行预告或透露，对目标对象进行要挟；有的在某一时段在网上对目标对象进行集中的负面信息发布，形成负面舆情，达到攻击打压目标对象的目的；有的在网上集中发布事先策划好的正面信息，吸引公众注意力，为目标对象开展营销推广或塑造良好形象；有的专做"养号控评"生意，与一些公司结成利益共同体，联手控制特定的网上评论，炮制热点舆情或使某些事件在网上销声匿迹；有的甚至通过人工智能技术，让数以千计的自媒体账号自动生成所需要的"假舆情""伪民意"，向有关部门施压，影响社会和谐稳定。如果形象概括网络推手的本质特征，可说是"有奶便是娘""翻手是云，覆手是雨"。

二、网络水军的组织工作流程和炒作手段

网络水军是受雇于某些个人、企业或组织，在网上负责发帖"灌水"，以此实现预定传播效果和商业利益的网民。他们与网络传播的普及性、大众性、即时性等特点相适应，发布、转发信息速度快、数量大、有个性、吸引人。他们的主要工作是发"水帖"，被人喻为"网络环境中为干预舆论而工作的来料加工的非智力外包工厂"[1]，常常受雇于网络推

---

[1] 刘畅：《网络言论的幕后力量——网络公关问题报告》，《光明日报》，2011年7月12日。

手，成为实现网络推手炒作效果和商业利益的"帮凶"。如果把网络推手比作受雇于上一级个人、企业或组织的"包工头"，那么网络水军便是直接负责"施工"的"工人"。

许多网络公关公司掌握着动辄上万的网络水军，他们招之即来，来之能在诱导网民参与公共事件中各显神通。关于网络水军的组织工作流程，一位在广州某网络公关公司担任策划经理的G小姐详细地进行了解读：

接到在网络进行公关的订单以后，我们会做一个较为详细的策划方案。负责广告文案的员工会收集目标事件的资料，找到刺激网民兴奋点和关注点的"噱头"，并预先加工创作一些网络信息。

接下来，我们便动员资源库里的"水军"参与"灌水"。他们当中，有专做网络论坛、博客的，有专做微博和微信朋友圈的，但更多的是论坛、博客、微博、微信通吃。网络水军大部分是兼职，极少数是专门宅在家里上网的专职水军。他们每个人都注册了多个网络用户，有许多不同的ID名称，俗称"马甲"。这些ID名称对我们公司是公开的，我们会有专人负责统计他们的发帖量。

请网络水军发"水帖"，一般都是按量计酬，每发一条有效信息收费两三毛钱。质量好的、有创意的、能引起网民广泛关注和评论的帖子，可以额外奖励，最高可达千元。这要根据订单的标的和难易程度而定。

目前做得最多的网络公关活动是将微博宣传与论坛、博客、微信朋友圈宣传结合起来。不过，现在微信影响越来越大，专门做微信宣传或公关活动的客户也逐渐多了起来。这也是市场细分、窄众传播的表现。至于做一次网络宣传或公关活动的费用，也要根据订单的难易程度和持续时间的长短来定。一般来说，10万元以下的是小单，10万至50万元的单子才是对公司有吸引力的大单。

当然，网络水军行业也存在"层层转包"现象。深圳一家文化传播公司负责网络推广业务的工作人员C先生解释：

一般说来，我们平均每做一次网络宣传或公关活动，至少要动员100个网络水军，当然他们平均每个人都有4～5个"马甲"。我们有时也将订单拆分开来，分包给水军团队来做，这些团队一般都有10个以上的有经验的水军。有时任务紧、工作难度大，水军团队会再找他们熟悉的其他水军团队帮忙，就像建筑工地层层转包一样。只要能把目标事件炒热了，把活干好了，不管他们怎么分包，我们只看统计结果和炒作效果，不问过程。

网络水军主要由哪些人构成？如何实施"灌水"等网络炒作任务？笔者通过访谈华南师范大学、广东外语外贸大学、广东白云学院等3所高校的5名资深网络水军，了解到网络水军以大中专院校在校学生为主，他们兼职做水军，一方面是想赚点外快贴补生活费用，另一方面是对"灌水"等网络炒作任务富有热情，充满好奇。H同学向笔者讲述了他成长为一名网络水军的经历：

刚开始我们只是喜欢在网上社区论坛或微博上随心所欲地发帖，关注热点事件。后来有同学告诉我，有朋友让他多找些同学帮忙在微博上跟帖发评论，力争把一个事件炒热。事成后按微博信息的条数给报酬，一条一毛钱。后来，慢慢地我成了一名专业水军，既做论坛的，也做微博的。因为手机发微博很方便，微博关注度也高，我对当微博水军更有兴趣一些，有时上课也要抽空发几条微博，多赚几毛钱。

另一位W同学向笔者透露了网络水军的炒作手段：

要在网上炒作一件事，首先要找准能吸引老百姓眼球的新闻点。其次要精心准备一些夸张、形象的网络用语，如"史上最牛""全城最美""楼歪歪""XX是我爸"等。最后实施发"水帖"炒作，这分两种：一种是直接与对方短兵相接，骂过去、淹过去就行，反正就是要用大量"水帖"把对方的气焰盖过去，把对己方不利的负面信息盖过去；另一种是我们故意在网上分成两派，形成对峙，互撕谩骂、拉踩引战，吸引公众参与进来，把目标事件炒得众所周知。有时为了让别人看不出我们是水军，我们要变换着用户名轮番上阵。发"水帖"时，也要变换不同的风格，有时还要持不同的观点。对"水帖"的遣词造句、语气助词要仔细推敲，甚至标点符号、字体、字号、字的颜色等也要经常变换，同一微博用户尽量不要连续发"水帖"，要像真实用户一样，隔几"楼"发一次信息。反正就是要善于伪装，做到越逼真越好。

网络水军的发帖行为具有公关操作的隐秘性、传播技巧的创新性，迎合了新媒体传播规律和网民接受习惯，因而能激起公众关注和参与的欲望。由于一些网民不负责任、随波逐流的从众心理，加上短时间内无法辨别网上相关信息的真伪，很容易被网络水军裹挟进目标事件，稀里糊涂地充当水军的"同盟军"，成为网络舆情的共同制造者。当然，对于某些水军造谣中伤、污蔑攻击等行为，必须依法严厉打击。

思考题：

1. 网络推手与网络水军有何异同？

2. 请用示意图画出网络水军的组织工作流程。

第五节　大众心理

透过意见领袖与大众参与网络舆情事件的行为方式，我们会发现，他们的心理特征和情感外化会催生一种强大推力，直接影响网络舆情的发展进程。而作为大众心理的重要组成部分，意见领袖的心理因素在网络舆情中发挥着"轴心"地位的作用。

一、网络舆情中意见领袖的心理特点

在网络舆情中，意见领袖的心理特点是整个大众心理的重要组成部分，而且"'意见领袖'的产生有时是无意识的，有时可能是与直接利益人有关者的择机之作。但是，对于同一事件或者同类事件的集体无意识，恰恰反映了网民和社会成员在心理上的认同"[①]。一般来说，意见领袖都是具有一定知名度的"网络名人"，匿名、从众心理对他们不起作用，看客、娱乐心理也只是对他们在关注和参与网络舆情事件的前期略有影响。驱使他们引领大众参与网络舆情事件的心理因素，主要是表现欲和英雄情结。由于意见领袖掌握着更多的话语权和信息发布渠道，他们的一举一动、一言一行更容易赢得大众的拥护和支持。但他们在动员大众参与时，也会产生一种与从众心理相反的心理压力，这是作为领袖、英雄在率领、引导大众时承受的心理压力，有学者称之为"领众心理"。

在2011年12月至2012年1月，笔者通过微博私信或电子邮箱、手机短信对微博上的50名大V和在此前的网络舆情事件中发挥过意见领袖作用的

---

① 孙静：《网络群体性事件参与者心理特点与疏导》，《中国人民公安大学学报》（社会科学版），2010年第2期。

重要人士进行了无记名问卷调查，共收回有效问卷35份。调查结果显示，有22人认为在充当意见领袖引导公众参与时会明显感觉到心理压力，占62.86%；有9人认为会偶尔感觉到心理压力，占25.71%；只有4人认为从未感觉到心理压力，占11.43%。

这种领众心理压力是一种什么样的心理因素？在明显或偶尔感觉到承受心理压力的调查对象中，有人认为这种心理压力"像在舞台上表演节目一样的紧张、兴奋"，有人认为是"一种责任意识，一种要当表率和要为'粉丝'行为承担间接责任的责任意识"，有人认为是一种"被关注感"，有人认为是一种"在微博上发表评论或跟帖之前下意识地检查一遍的谨慎态度"，有人认为是一种"想出风头的感觉"，也有人认为"越来越关注自己的'粉丝'数量、被关注数量，越来越频繁地更新自己的微博，越来越留意'粉丝'对自己发表微博的评论，尤其是'粉丝'的批评性意见"。从这些调查问卷反馈的信息中，可以得出一个普遍结论：意见领袖感受到的"领众心理"，是一种表现欲、英雄情结、责任意识、被关注感、成就感、谨慎态度和由此引发的其他心理变化和感受。

二、网络舆情中普通大众的心理特点

在网络舆情中，大众参与行为与大众的群体心态、社会认同感等群体心理因素有关。透过纷繁复杂、形形色色的大众参与行为，运用群体心理学分析方法，可以揭示出网络舆情中普通大众的心理特点。

（一）从众心理

从众心理是网络舆情事件中网民参与的最基础、最普遍的心理特点。从众理论认为，在网民参与网络舆情事件等集群行为时，网民个体会表现出很明显的从众心理，其参与行为具有从众性或趋同性，只要有人"登高一呼"，其他人往往会"群起响应"，模仿意见领袖等"领头羊"的行为方式和意见态度。

网民在集群行为中为何表现得与平时判若两人？在从众理论看来，网民心理在群体行为中会发生根本变化，个性和独立思考能力都被削弱，甚至不由自主地失去平时的自我意识和理智，本能地彼此相互模仿，情绪相互传染，力求与现场的多数人行为保持一致，异质性被同质性所"吞没"。有心理学家认为，这种从众心理是作为群居动物的人的一种本能，每个公众个体的内心都是孤独的，渴望在参与集群活动中获得归属感和认同感，是参与行为点燃了公众个体内心潜伏的"向群"火种。用从众理论来观察江西宜黄拆迁、河北"我爸是李刚"、黑龙江方正县开拓团立碑、日本核泄漏引发的抢购食盐等舆情事件，我们可以发现，不少参与其中的网民在从众心理、情绪传染的作用下，思维方式变得极端简单，容易把复杂问题简单化，出现口号式、发泄式的近乎病态、超乎理智的网络暴力行为。

公众对意见领袖的行为模仿，也可用从众理论进行解释。法国社会学家G. 塔尔德（G. Tarde）在1890年出版的《模仿律》一书中认为模仿是"基本的社会现象"，并提出了三个模仿律：下降律（社会某些群体具有模仿另一些群体的倾向）；几何级数律（在没有干扰的情况下，模仿一旦开始，便以几何级数增长，迅速蔓延）；先内后外律（个体对本土文化或集群内部人士行为方式的模仿与选择，总是优先于外域文化或集群外部人士的行为方式）。公众对意见领袖的模仿，完全符合这三个模仿律：首先，意见领袖多为名人、成功人士、掌握话语权的人，普通公众在网络舆情事件中追随意见领袖，缘于他们内心模仿这些人的倾向；其次，这种模仿行为具有传染性，一旦蔓延开来，借助微博裂变式传播，更是呈现几何级数增长；最后，对广大"粉丝"群体来说，特定的意见领袖是属于特定微博意见群体的内部人士，是"自己人"，"粉丝"们会自觉地模仿和选择他们的行为方式，从而实现"粉丝效应"。

在具体的公众参与行为中，我们可以看到，普通公众对意见领袖的模仿，常常表现为自觉地与意见领袖的观点和行为保持一致，亦步亦趋，甚至对意见领袖的错误言论也会不假思索地全盘接受，对相反意见则完全拒绝。在一些对抗式、发泄式、盲从式的微博公共事件中，一些网民的情绪常常因为意见领袖的一句话便变得群情激昂起来，"冲动、急躁、缺乏判断力、轻信他人、夸大感情、易受暗示等都是事件参与者个人的常见心态"[①]，对意见领袖的任何反驳都可能会招致"粉丝"们的不满和反对，甚至演变成线下的人身攻击乃至群体冲突。这种从众心理的扩大化、升级化，很容易让意见领袖变成误导公众参与的网络推手。

（二）匿名心理

在网络舆情事件中，除了少数担任"领头羊"的意见领袖或名人微博外，绝大多数网民的用户名没有采用加"V"的实名认证。即使在微博网站后台，也有不少用户仍未实行实名制。这就让许多网民处于"无名氏"的匿名状态。

匿名理论认为，在网络舆情事件的公众参与等集群行为中，处于匿名状态的网民个人身份在集合起来的人群中被隐藏起来，几乎每个网民都成了去个性化的"同质"人，如同进入一个戴着面具的化装舞会中，对自身行为规范的约束力大为减弱甚至失效。在匿名状态下，网民个体会认为自己干的事没有人知道，可以使自己不对其行为的后果承担责任，至少会使责任被分担。当人多势众时，匿名性更会加剧网民的"法不责众"心理，情绪也容易在相互传染中进一步激化，极易做出平时单个人不敢做的参与行为。虽然不能说每个网民都会被匿名性激发参与热情，但匿名性无疑会推进网民参与网

---

① 胡联合：《群体性事件：何以发生与演化——关于群体性事件的理论及其启示》，《中国社会科学（内部文稿）》，2009年第3期。

络舆情事件的广度和深度。匿名性加上从众性，驱使不少网民强化了"无责任、无判断、无担当"的"三无心态"，参与舆情事件时"看热闹""搭便车""人云亦云""起哄造势""推波助澜"的概率大幅提高，参与的可控性或约束力则大为降低。

（三）释放和发泄心理

网络已经成为不少网民释放现实生活中的郁闷、无助、失意等消极情绪的平台。特别是网络舆情事件，以其炫目感和夸张感吸引着部分网民，让他们在参与讨论中尽情发泄压抑在心中的不满情绪。

这种释放、发泄心理加上匿名性和从众性，令一些网民的情绪在网络舆情事件中像火山一样喷发，夹杂着武断、偏执、狂热、歇斯底里等不理智成分。如，在黑龙江方正县开拓团立碑事件中，一些网民将长期压抑在胸中的民族情绪一股脑儿发泄到这一事件中来，全然不顾地方政府的立碑初衷和具体的历史背景。部分网民参与此类网络舆情事件的最大动机，不是推动事件的调查和解决，而是释放和发泄情绪。

（四）归咎和放大心理

归咎是人们遇到难以接受的事实之后的惯性反应，放大则是对事实严重程度的主观夸大。由于社会上坑蒙拐骗、指鹿为马、欺上瞒下之事时有发生，一些人不同程度地存在不信任心理、逆反心理，形成了习惯性反对、习惯性批评等思维定式。每逢重大突发事件发生后，就会有一些网民质疑和批评政府部门的发言表态和处置措施，有的甚至先入为主、不问事实，有错推定、横加指责，抓住一点、无限放大，让责任主体陷入百口莫辩的舆论旋涡，使辟谣澄清效果大打折扣，对事件处置造成极大干扰。如，温州动车追尾事故发生后，"只顾赚钱，无视安全""高铁高价，高速高危"等极端言论充斥微博平台，网上舆论几乎一边倒地批评指责铁道部，加上事发初期铁道部信息发布不透明、不充分，回应不及时、不恰当，导致网民的归咎、放大心理一直伴随事故处置始末，舆情高热难退。

在网络舆情事件中，普通网民的归咎和放大心理，很多时候都是受意见领袖或网络推手的言行所左右。在意见领袖的强势话语和权威压力下，多数网民会逐渐调整甚至改变自己原有的看法，努力在众声喧哗、众说纷纭中与意见领袖保持观点一致。这些追随意见领袖的铁杆"粉丝"，已经形成一个紧密团结的、有强大新媒体运作能力的团体，极易推动形成观点固化、舆论极化现象，严重冲击事件处置部门新闻发布的权威性和舆论引导的实效性。故此，如何引导广大网民提高网络文明素养，共同壮大积极、健康、向上的正能量，是当今网络生态治理不容忽视的重要课题。

（五）看客和娱乐心理

在网络舆情事件中，一些网民的参与行为具有"明显的群体娱乐特征，怀有一种唯恐天下不乱的看客心理，从事件混乱发展的过程中取乐"[①]。网民的看客心理，源自人类内心深处对外界环境的求知欲、对不明事物的好奇心、对刺激事情的兴奋感和对他人隐私的窥私欲。网上凶杀暴力、娱乐八卦、奇闻异事、低俗恶俗等内容之所以颇有市场，根因就在于此。正是在这种看客心理助推下，网民不断参与各类网络舆情事件，从中得到心理满足，实现娱乐目的。这种看客和娱乐心理也可称为"八卦心理"。它不仅体现在"名人八卦型"网络舆情事件中，也彰显于网络舆情事件的"引发公共议题"阶段。

看客心理往往与从众心理、匿名心理交相呼应。如，某些网民在网上看到其他网民强烈关注某一事件，会在从众心理驱使下参与进来，满足自己的看客心理。又如，处于匿名状态的网民喜欢在网上"偷窥"别人在干

---

① 孙静：《网络群体性事件参与者心理特点与疏导》，《中国人民公安大学学报》（社会科学版），2010年第2期。

什么，尤其是对具有戏剧性和较高关注度的网络舆情事件，"偷窥"欲望更为强烈；而作为"看客"，对这些事件的利害关系并不在意，一旦出现危机，他们便迅速撤离，全身而退。正是这种看客和娱乐心理，使网络舆情事件得以在短时间内引起众多网民关注和热议。

（六）表现欲和英雄情结

群体心理学认为，个人成为群体的一分子以后，会有一种表现自我的欲望和英雄主义情结，这是人类从远古群居时代就沿袭下来的心理特质。"孤立的他可能是一个有教养的人，但在群体中他却变成了野蛮人——即一个行为受本能支配的动物。他表现得身不由己，残暴而狂热，也表现出原始人的热情和英雄主义。"[①]正是这种热情和英雄主义，促成一些网民自发参与到网络舆情事件中来，积极在微博上评论、转发或跟帖，表达个人对事件的观点和看法，力求评论和跟帖具有独特性、煽动性、爆炸性和冲击力，摆出一副"语不惊人死不休"的样子。

这种心理特点可以很好地解释数量庞大的网民为何不计报酬、心甘情愿地参与到与自己并没有直接利益关系的网络舆情事件中，也可以很好地解释像郭美美微博炫富事件中"温迪洛"这样的普通网民成长为意见领袖的心理动机。

（七）矛盾的道德心理

法国社会心理学家勒庞在《乌合之众——大众心理研究》一书中对群体的道德有过精辟的论述。他认为，群体首先是一个矛盾统一体，低劣与崇高交相辉映。"群体虽然经常放纵自己低劣的本能，他们也不时树立起崇高道德行为的典范。"一方面，每个人的内心深处都潜伏着野蛮和破坏

---

① ［法］古斯塔夫·勒庞著，冯克利译：《乌合之众——大众心理研究》，桂林：广西师范大学出版社，2011年，第51页。

性的本能，但是孤立的个人在生活中会意识到这种本能是"很危险的"，会极力压抑、控制它。而当他加入一个临时拼凑的群体时，出于"法不责众"心理，他会彻底放纵内心深处潜伏着的这种本能，道德水平因而变得十分低劣。但另一方面，群体有时候也能表现出孤立的个人根本做不到的"极为崇高的献身、牺牲和不计名利的举动"。在名誉、光荣和爱国主义的感召下，私人利益经常被加入群体的个人抛之脑后，而且可以为了崇高的理想奋不顾身甚至慷慨赴死。

参与网络舆情事件的网民也经常表现出这种矛盾的道德心理。有时候，他们在微博上蛮不讲理，造谣滋事，党同伐异，恶意中伤，唯恐天下不乱，不惜违法乱纪。但有时候，他们又为了公平、正义、真理、良知、同情心而摇旗呐喊，针砭时弊。

这种"矛盾的道德心理"，也可综合运用匿名心理、释放和发泄心理、从众心理、表现欲和英雄情结、归咎和放大心理等来解释。在网上，网民几乎都处于匿名状态，脱离了监管约束，一切言行主要靠心灵的自觉。这样，部分网民个体内心深处的郁闷、无助、失意等消极情绪以及野蛮和破坏性在网络舆情事件的触发下得以释放和发泄，并且喷薄而出形成合力，一发不可收拾。在这种情况下，部分网民的道德心理变得比较低劣。但是，一旦网民个体在微博上得到意见领袖正面甚至崇高的引领和动员，并且在别的参与者的带领或者从众心理的作用下，就能将内心深处的英雄情结激活，焕发出要为正义和真理而战、充当"救世主"的参与激情。

网络舆情事件中的普通网民，可以分为积极参与者和旁观者两类。这两类网民也表现出不同的心理特点。积极参与者发表的评论较有影响力，在群体中具有一定话语权和号召力。有的从事件一开始就参与进来，有些是中途加入；有些是与事件肇始者利益相关，有些则无任何瓜葛。总体来说，积极参与者除了具备网民参与网络舆情事件的一般心理特点外，还表现出其自身存在的一些心理特质：猎奇心理；质疑心理；造势心理；"彰显个性、自我实现"心理；[①]价值取向上具有"道德上的双重性，文化上的叛逆性，政治上的激进性"[②]。

旁观者在公众参与中占有较大比例，通过在微博上加"关注"等形式完成对网络舆情事件的参与。他们绝大多数与事件没有直接利益关系，很多人并不了解事件的肇始原因、来龙去脉和进展情况，仅仅是被事件本身出现的群体聚集现象所吸引或者偶然关注到微博上的某条信息。用网络语言来说，旁观者是"出来打酱油"的。其心理特点集中表现为"看客和娱乐心理"，即所谓的"坐山观虎斗""站在远处看热闹"。但不少旁观者也是"预备参与者"，他们心情好时，会转发甚至亲自发布一条微博，由旁观者转变为一般参与者；心情特别好时，还会突然发力，在微博上左冲右突，左右开弓，成为积极参与者。当然，旁观者中的大多数会一直保持沉默，自始至终都在"潜水""旁观"，除了"看客和娱乐心理"使然，还可能受限于"自闭心理""社交恐惧心理"等。

（八）仇官仇富心理

底层认同强化，弱势心态泛化，是当下我国民众社会心态中的一个典型趋势。一些网络舆情事件中出现的仇官仇富心理，便是这种社会心态的集中体现。

近年来，从"我爸是李刚"事件，到陕西"表叔"杨达才事件、郭美美炫富事件，再到山西煤老板七千万嫁女事件等，各类炫官、炫富事件此起彼伏，一次次刺痛网民的敏感神经，不断激化人们的仇官仇富情绪。

---

① 毕宏音：《网民心理特点分析》，《社科纵横》，2006年第9期。
② 彭兰：《现阶段中国网民典型特征研究》，载杜骏飞主编：《中国网络传播研究（2009·第3辑）》，杭州：浙江大学出版社，2009年，第136页。

仇官仇富心理在中国历史上可以找到社会和文化的根源，成因较为复杂，有贫富差距、阶级和社会地位差别、文化背景差异等多种因素。但在当今社会转型期，这种心理突然沉渣泛起、愈演愈烈，且在网络舆情事件中呈现误导、放大趋势。究其根源，既有某些官员不作为、乱作为，以权压法、以权压人，部分富人为富不仁、炫富骄横等行为的刺激，也有社会心态和网民心理中不健康、不理智的情绪使然。在不少网络舆情事件中可以看到，那些非理性表达者盲目地为仇官而仇官、为仇富而仇富，只要事件涉及官员和富人，都会令他们不顾事实真相，一味地给当事人"帖标签""立靶子"，极力煽动"人肉""声讨""网络游行"，导致舆情不断发酵、演化、升级，甚至危及社会稳定。"逢官必闹""逢富必究"已成为引爆网络舆情的一大因素。

2020年初发生的故宫奔驰女事件便是一起典型的仇官仇富事件。1月17日14时56分，网名为"@露小宝LL"的网民在微博上晒出两名年轻女子与一辆黑色奔驰越野车的合影。由于拍照地点位于故宫博物院太和门广场，迅速引发网民热议。网民纷纷指责其违反故宫禁车规定，擅自在闭馆日将车开进故宫。17日下午17时18分，"@露小宝LL"发微博回应此事："柠檬精太多了，啧啧啧……"随后"@露小宝LL"被扒出曾是中国国际航空的乘务员，微博中有其穿着国航制服在飞机上或机场管制区拍摄的照片，其微博认证也是"中国国际航空有限公司乘务员"。后经证实"@露小宝LL"早年在国航担任乘务员，"但几年前就从国航离职了，只是微博认证没有更改而已"。

此事迅速成为全网关注焦点，令故宫博物院陷入巨大的舆情旋涡之中。17日20时49分，该院官方微博发布道歉："针对今日有网民发布周一开车进入故宫事件，经核查属实。故宫博物院对此深表痛心并向公众诚恳致歉。今后，我院将严格管理，杜绝此类现象。感谢社会各界对故宫博

露小宝LL

1-17 14:56 来自iPhone客户端

＋关注

赶着周一闭馆，躲开人流，去故宫撒欢儿～

当事人微博截图（图片来源：《新文化报》）

物院的关爱与监督。"但此时，该院并未意识到事件的严重性，本以为一个道歉就能平息事态，没想到各大媒体甚至央视都点名呼吁故宫博物院严查此事，找出相关责任人。在央视新闻中，著名主持人白岩松仗义执言："放车进故宫的人应该投案自首！这不是炫富而是炫权！"言外之意，就是故宫方面有人利用特权允许"@露小宝LL"开车进入，因而此人应该"投案自首"。"@露小宝LL"也因此成为不少网民长期跟踪攻击的对象，从2011到2020年间所有黑历史、各种炫富行为以及"特权"身份都被网民给扒了出来。有的网民探寻"@露小宝LL"一夜之间从普通空姐变成开豪车、戴千万名表、买各种名包、住千万别墅的"富婆"的内幕，并质疑其哥伦比亚大学硕士学位的真实性。

1月21日零时33分，该院再次通过官微发布篇幅较长的《故宫博物院院长王旭东向公众致歉》，在诚恳认错道歉的同时，宣布对负有领导责任的分管副院长和保卫处处长停职检查。随后，网上舆情逐渐平息。

深入分析事件原因，我们可以发现，该事件除了故宫这一在古代作为权力象征的具有特殊文化价值和历史地位的敏感地点外，又配上了一些特殊元素——奔驰、小美女、"撒欢儿"（轻佻话语）、特权阶层、奢靡生活方式及物质主义价值观等，从而刺激了广大网民的神经，引发强烈反感，酿成重大网络舆情事件。

思考题：

1. 网络意见领袖与普通大众的心理特点有何异同？

2. 如何有效把握网络舆情中的大众心理？请着重围绕"如何克服大众参与网络舆情时的从众心理"发表看法。

第三章 网络舆情的生成演变

深入了解和探讨网络舆情萌发、发酵、爆发、衰退等生成演变阶段及其组织动员模式，可以帮助我们更好地了解网络舆情传播规律，把握网络舆情发展走向，为做好舆情研判和应对打下理论基础。

第一节 发展阶段

综观影响较大的网络舆情事件，无论是发生领域、组织形式，还是社会影响，都呈现出复杂化、多样化的趋势。从发生领域看，涉及政府施政、经济纠纷、劳资矛盾、社会保障、司法执法、民族宗教、医患关系、文化教育、环境保护等诸多方面；从组织形式看，既有网络发帖引发关注的（如江西宜黄拆迁事件），也有利用网络组织集体行动的（如广州保卫粤语事件），还有发动公众进行"人肉搜索"的（如深圳林嘉祥涉嫌猥亵女童事件）。但不论发生领域和组织形式如何，一般来说，网络舆情都要经过萌发、发酵、爆发、衰退等四个发展阶段。

一、萌发：导火索点燃网络舆情

任何事件都有引发网络舆情的可能性。无论在事发初期，还是发展、尾声阶段，都可能出现点燃网络舆情的导火索。

2011年6月11日发生的广州增城大敦村因外来务工人员摆摊被阻而引发的聚众滋事事件、2010年11月底发生的广东佛山市仙涌村因拆迁而引发的冲突事件、2011年6月6日晚发生的广东潮州市古巷镇因外来务工人员讨薪被砍伤手脚而引发的暴力打砸事件、2011年9月21日广东陆丰市东海镇乌坎村村民因不满土地出让及村干部选举等问题而引发的村民聚众打砸事件等，都是导火索点燃网络舆情并使事件向群体性事件转化的典型案例。

2011年6月10日21时许，20岁的四川籍孕妇王联梅像往常一样在广州增城市（现已改为增城区）大敦村占道摆摊卖服装，与该村治保人员发生争执时被推倒在地。此事成了从11日晚起持续3天的大规模聚众滋事事件的导火索。为什么一件简单的纠纷案会导致这种局面？增城市政府提到了"谣言"与"别有用心的不法分子"。广州市有关领导表示，"打死人"的谣言，经网络传播，蛊惑了人心，部分不法分子有组织地带头煽动闹事。14日，增城警方将在网上散布"孕妇老公被活活打死"谣言的陈某抓获。可见，"孕妇被打"成了网络舆情事件的导火索，"孕妇老公被活活打死"等谣言则是点燃导火索的火星。

二、发酵：公权力在博弈中的越界或失策导致事件升级

反思增城大敦村事件、潮州古巷事件等网络舆情事件，我们可以发现网络舆情处于导火索阶段时，政府部门代表的公权力在舆情博弈中的越界或失策让私权利突破安全"阀门"，导致事件升级。如，政府部门没有及时发布信息，致使谣言四起、扰乱视听，大量缺乏权威信源的群众因而被煽动参与聚集，使政府部门失去了引导舆情的宝贵时机。

据《东方早报》报道，在增城大敦村事件发生之初，就有人在微博上称"增城四川老乡会"在"带头闹"，并承诺"打死一个警察，奖励50万元"。这些说法虽未得到增城官方的证实，但反映出外来务工人员与本地

居民之间长期以来存在的矛盾，涉及社会地位、收入分配、语言习俗、日常管理、人口数量等诸多问题，一旦有外界突发事件成为导火索，这些问题便会一触即发。而这些问题涉及冲突双方的基本利益和长远利益，触及经济制度、社会管理等深层次问题，地方政府部门难以在短时间内作出正面明确的解释或回应，相关利益群体的神经也就变得更为敏感。

时任武汉大学教授沈阳在《2011年第二季度网络舆情和微博问政报告》中指出，一些政府部门应对网络舆情危机存在三大弊病："信息不透明，手段不科学，态度不诚恳。"面对民生问题中的种种质疑，一些政府部门的回应常常"避重就轻"，让人觉得"雾里看花"。沈阳教授举例称，在成都富士康爆炸、中石化百万酒单等涉及企业的公共事件中，政府部门不但没有作为公正的第三方角色介入调查，反而成为企业及个人信誉危机的"买单人"。

深圳富士康员工连续跳楼自杀事件和广州番禺垃圾焚烧厂选址事件是典型的网络舆情事件，共同特点是：都发生在珠三角转型升级的中心城市、时间跨度长、属于基层权益抗争问题、微博等新媒体和传统媒体共同关注度高；都涉及政府、企业、公众三个主要利益相关方，存在指向政府公权力的问题。两地政府采用不同的应对策略处置事件，出现两种截然不同的进展和结果。故此，将这两起地缘相近、焦点相似、性质相同的事件放在一起对比分析，显得更有意义。

（一）深圳富士康连跳事件中，政府中立、客观、主动的危机传播策略，让事件沿着可控的方向发展，舆情危机得到有效化解

2010年3—5月，台资企业深圳富士康科技集团股份有限公司发生逾10起员工跳楼自杀事件，在社会上造成了极大的负面影响，也使其他员工的心理受到了严重打击，蒙上一层阴影。

面对接连发生的恶性事件，富士康应对乏术，在万般无奈之下，居然请山西五台山僧人来厂里做法事，试图以此平息事态，抚慰员工心理。此事经媒体曝光后，引发新一波舆情。公众对企业的做法大失所望，认为此举无法从根本上遏制事件的再次发生。

这时，政府的应对策略便尤显重要。首先，深圳市政府有关部门由下至上，积极直面事件，不回避其中的政府责任。2010年5月19日，深圳市政府正式介入事件，由副市长牵头组织开展调研。5月22日，市政府新闻办发布第一次调查工作进展以及协助做好企业内部管理的信息。5月26日，市政府新闻发言人就事件缘由发表公开解释。同日，国台办在例行新闻发布会上，就事件做出表态。次日，中央有关部委派专项小组到现场调查。此后，事件一直受到中央有关部委和广东省委的高度重视。6月12日，国台办新闻发言人就此事件再次公开解释，事件整体告一段落。其间，政府有关部门多次提到"处理好新生代农民工问题是时代给予政府的新使命，刻不容缓"等从根本上解决"连跳事件"的应对举措。其次，政府有关部门运用新闻发言人制度，一直能够及时、持续地发布信息，使自身成为媒体和公众的主要信源，令造谣、煽动等负面传播行为无法得逞，为化解劳资矛盾提供了有力的舆论支持。可以说，这是政府有关部门正确运用传播策略、有效应对舆情危机的一个正面典型。

（二）番禺垃圾焚烧厂选址事件中，政府没有恰当、合理运用危机传播策略，未能实现危机应对的理想效果

2009年9月23日至12月21日，广州番禺垃圾焚烧厂选址事件持续3个月时间占据网络舆论的焦点位置。因事件涉及周边群众健康、空气土壤污染等专业性强、敏感度高的环保问题，使舆情应对难度大、要求高。

9月23日，广州市政府副秘书长、项目主管官员第一次对外发声，表明政府观点和态度，但由于在公众关注的敏感问题上闪烁其词、解释不清，致使回应表态的说服力、公信度大打折扣，不仅没能化解公众疑虑，反而使舆情升级恶化。

反思这起公共事件的舆情演变，可以发现如下三个突出问题：

一是政府对事件发声迟缓，错失舆情应对良机。早在2009年2月初，网上就出现围绕此事展开的"垃圾焚烧会产生致癌物质二噁英"的话题讨论，危机潜伏期长达7个多月。但政府部门没有及时主动回应广大公众疑虑的问题，导致误会和不满情绪不断加深，为舆情爆发埋下伏笔。

二是官员回应措辞不当，致使舆情升级恶化。在舆情处置过程中，广州市政府一位项目主管官员的强硬表态，多次成为各类媒体和社会舆论的"众矢之的"，严重干扰舆情处置工作。

三是公众信息需求和利益诉求一直得不到满足，导致网络舆情事件爆发。2009年10月，舆情焦点始终集中在对番禺垃圾焚烧项目选址的合理性、科学性的质疑上；但由于公众疑虑迟迟没能得到官方解释回应，致使11月舆论焦点从项目合理性这个"软性"议题，突然转移到政府决策不民主、官商勾结以及"被代表"等"硬性"的政治社会议题上，造成舆情不断升级，管控变得理据不足，引导也是进退维谷，政府部门因此陷入舆情旋涡而难以自拔，最终被迫宣布项目停建。

三、爆发：各方合力推动网络舆情升级

透过增城大敦村事件、番禺垃圾焚烧事件等网络舆情案例，我们可以发现，网络舆情事件向群体性事件演变是各方合力推动的结果。

美国社会学家斯梅尔塞提出的价值累加理论指出，集群行为在发展的每一阶段被追加价值，才会有集群行为的最终发生。对于网络舆情事件这种"发展中的事件"（unfolding events）[①]来说更是如此。

---

① 邱林川、陈韬文：《新媒体事件研究》，北京：中国人民大学出版社，2011年，第8页。

由于是社会转型期"发展中的事件"，其发展进程往往难以在事发之初就做出直接判断，而是"要看具体条件下，社会变革因素与保守势力之间互相角逐的现实情形"①，也就是说要看公权力、私权利以及相关利益集团、媒体等各方力量相互博弈的情形，以及在事件的发展、传播过程中随时可能出现的异动。

我们看到，许多公共事件向网络舆情事件演变过程中，都伴随着某些网民的造谣、传谣、煽动、恶意诽谤、恶搞、傲慢、偏见、情绪失控和网络狂欢等非理性参与行为。这些网民盲目地、不加甄别地参与网上某些话题的讨论，让现实中不理性的情绪和偏见在网上得以扩大化，进而诱导和推动其他人的现实参与行为，为公共事件转向网络舆情事件甚至网下恶性群体性事件推波助澜。

我们发现，不少网民在微博上发泄不满情绪，就"图个好玩"或"出于好奇"，他们较少考虑自己的情绪化言论会带偏其他网民的参与行为，加剧官民对立。正是这种非理性的网民参与，客观上为私权利在与公权力的博弈天平中加重了砝码。

四、衰退：诉求满足后曲终人散

网络舆情的衰退，往往是由于舆情中激起网民广泛关注和参与的事件得到了较为理想的解决，如弱势一方诉求得到满足，或疑点不复存在，公权力和私权利博弈达到平衡。

网络舆情进入衰退阶段后，关注度和参与度从最高峰陡然下跌，快速回落，网民的讨论逐渐淡化，发表的评论和搜索量都显著减少，直到曲终

---

① 邱林川、陈韬文：《新媒体事件研究》，北京：中国人民大学出版社，2011年，第8页。

人散，销声匿迹。

不过，旧的网络舆情偶尔还会成为研究者的素材，在有关学术论文、研究报告和教科书中出现。但这类旧事重提，已不属于网络舆情，只能称为"网络舆情案例"。

思考题：

1. 请用身边发生的网络舆情案例，归纳出舆情发展的四个阶段。

2. 各方合力是怎样在爆发阶段推动网络舆情升级的？

第二节　组织动员

网络舆情中的公众参与是一种集群行为。这与作为有共同利益和共同目标的个体集合的"集体"不同，"集群"是由多个社会群体的人员聚集而成的临时性群体，具有一定的自发性和非组织性。但由于网络舆情有其独特的组织动员模式，因而不能说这类临时性群体便是一盘散沙、杂乱无章的乌合之众。我们以江西宜黄拆迁这起典型网络舆情事件为例，来考察网络舆情的组织动员全过程。

一、公众以议程设置者的面目出现在网络传播中

2010年9月10日上午，江西省抚州市宜黄县发生一起因拆迁引发的自焚事件。该县凤冈镇女村民钟如九一家房子面临强拆时，她的大伯叶忠诚、母亲罗志凤和姐姐钟如琴在屋顶点燃汽油自焚，3人都被烧成重伤。

9月16日早上，钟如九和姐姐钟如翠准备从南昌机场乘飞机去北京接受凤凰卫视记者的采访，但在机场遭到闻讯赶来的宜黄县委书记邱建国等人的拦截，两人最终未能登机。钟如翠在女厕所里给《新世纪周刊》记者刘长打了个电话，告知了被县里干部拦截的事。

随后，刘长在他的微博上发了条信息，披露钟如九姐妹俩机场受阻一事。但由于当时刘长的"粉丝"不多，这条微博转发很少，未能引起公众的有效关注。

大约20分钟后，刘长的这条微博被某人气较高和"粉丝"众多的意见领袖转发。短短一小时内，又有近千名"粉丝"转发了微博。宜黄拆迁自焚事件开始进入公众视野，引发广泛关注与讨论。至此，钟家私事被赋予了公共意义，公众开始成为这起网络舆情事件的议程设置者和舆情推动者。

一般来说，网上议题来源于传统媒体的报道话题或普通公众的发帖。而网络舆情中的议题，绝大部分来自普通公众，然后经由媒体人和网络意见领袖的转发扩大传播范围。

宜黄拆迁事件议程设置的议题，最初来源于钟如翠给《新世纪周刊》记者刘长的电话，随后在刘长等人的推动下，带动更多的普通网民参与进来。可以说，网民和媒体人、网络意见领袖在微博上共同组织推动了这起网络舆情事件的形成发展。

二、网络局部性优势意见的形成推动网络舆情进入高潮阶段

在某意见领袖转发刘长的微博后没多久，《凤凰周刊》知名记者邓飞联系上在机场受阻的钟如九，指导她用手机拍下现场视频，以"机场女厕攻防战"为题发布在他的微博上，并一连发了8条微博，广大网民纷纷跟帖，在网上产生一股"小旋风"。

9月18日凌晨，钟如九的大伯叶忠诚因抢救无效去世后，以宜黄县县长苏建国为首的数十人在南昌大学附属第一医院抢夺尸体，并打伤钟家人。随后，又有多名宜黄当地工作人员追到南昌街头，当众将钟如九等5名家属强行带上一辆校巴后拉回宜黄。钟如九通过手机将"官员抢夺自焚者遗体"等情况发布在她新开的微博上，引起公众极大关注。

接下来的几个月，钟如九几乎每天都要向近3万名微博"粉丝"通报母亲和姐姐的康复进展。在这起网络舆情事件中，钟如九扮演了多重角色：既是事件当事人的亲属，又是事件的见证者，还是参与网络舆情议程设置的一名网民。她的微博直播进一步带动了广大公众的参与，并在微博上形成公众参与的一个阶段性成果——同情、支持钟家姐妹，谴责、批评宜黄涉事官员的"局部性优势意见"。

微博的互粉、转发和评论功能，也让网络舆情的组织动员变得轻而

易举和随心所欲。"每一个微博作者可以对自己的'粉丝群'进行信息传播和意见表达，而'粉丝们'对所认同的信息和意见，用'转发'功能实现'信息流''意见流'裂变式的传播，评论功能则使这一事件在极短的时间内迅速形成了'评论流'，这种聚变和裂变式的传播方式使微博空间迅速成为一张不断扩张的关系网络，这张网络使得个体信息和意见广泛传播，形成微博优势意见，并最终形成社会影响力。"[①]

这种局部性优势意见像一块引力巨大的磁石，吸引着更多网民参与宜黄拆迁事件的讨论，并发挥着主导舆论的作用，像滚雪球一样放大网民相同意见，消解不同意见，对此后网络舆情的发展"定调指向"。

在此阶段，报纸、广播、电视等传统媒体广泛跟进报道。"相较于微博对信息的快速发布、对各种意见的大量聚合、对现场的多维还原以及公众高度参与程度来说，传统媒体确实难以匹敌。不过，传统媒体的权威性以及对事件的深度挖掘与细致分析，同样是信息传播不可忽视的。"[②]

在传统媒体的介入推动下，这起网络舆情事件演变为全国瞩目的重大公共事件。随着公众关注和热议钟家姐妹的命运、事件处理的结果，网上舆情逐渐进入高潮。

三、主流舆论的形成影响网络舆情走向

在宜黄拆迁事件中，网络舆情的组织动员，既有外力的激发，也有内力的促动。

先说外力。事件发生后，宜黄当地有官员化名"慧昌"，在网上发表

---

① 徐瑗：《微博传播影响公共事件走向的机制分析——以江西宜黄拆迁自焚事件为例》，《青年记者》，2010年12月上。

② 陈晓伊：《温州动车事故中新旧媒体的传播共振》，《岭南新闻探索》，2011年第4期。

《透视江西宜黄强拆自焚事件》一文，竟然抛出"强拆在所难免""没有强拆就没有我国的城市化"等错误观点，立即在网上引起轩然大波，被公众当成"靶子"予以猛然打击。这个"靶子"的树立，让参与讨论的公众"同仇敌忾"，结成统一战线，促使各种纷繁杂乱的观点和看法变为趋于一致的谴责与追责。

再说内力。事件被邓飞等媒体人士和意见领袖当成了一个值得批评与反思的"坏典型"，是一个"不顾民众死活、藐视法治原则、背离执政基础的暴力拆迁、强制拆迁，激起了公愤，触犯了社会的容忍底线，挑战最高的宪法原则"[1]。

一般来说，衡量一起网络舆情事件的组织动员是否见效，最重要的指标是事件中旁观者的参与。旁观者是网上持观望态度的普通网民，也就是"非直接利益者"。宜黄拆迁事件初发阶段，旁观者是大多数，他们没有任何参与其中的利益动机。伴随各种力量的引导推动，旁观者纷纷成为参与者，宣告网络舆情的组织动员取得成功。

旁观者为什么愿意承担时间、风险等成本成为参与者？或许是出于同情，或许是追求道德意义，或许是为了维护社会公平正义。无论哪种情形，作为"非直接利益者"的旁观者成为事件的直接参与者，表明网络舆情的热度和烈度达到了顶峰。

最初发端于微博的宜黄拆迁事件，逐渐吸引天涯、猫扑等网络社区论坛和报纸等传统媒体的评论，连人民日报社、新华社等中央主要媒体也加入了批评谴责宜黄强拆的行列。这带动了参与进来的普通公众对此事的持续关注和激烈讨论，并最终达成相对一致的观点和诉求，形成主流舆论，

---

[1] 《现代快报》社评：《不能让"宜黄事件"发展成违宪恶例》，2010年9月17日，第F3版。

产生强大的社会影响力，牵引网络舆情走向，推动事件迅速解决。

9月18日，抚州方面发布消息称，已于9月17日晚作出处理决定，分别对宜黄县委书记邱建国、县长苏建国立案调查，免去直接带队拆迁的副县长李敏军、房管局局长李小煌、房管局副局长纪焕华、建设局局长范剑华等人的职务，对负有主要领导责任的宜黄县交通局局长熊继勇立案调查，对宜黄县公安局副局长兼凤冈镇派出所所长黄健诚勉谈话，并要求其作出深刻的书面检查。

这一处理结果彰显了网络舆情中主流舆论的巨大力量。

随着既定议程的完成，参与议程设置的公众也逐渐退场。在事件相关责任人处理结果公布后，广大网民开始在网上欢呼取得重大胜利。有意见领袖在微博中写道："没有微博大概也不会有这个效果！"

四、网络舆情的组织动员模式及两种理论解释

实现网络集体行动，离不开对公众个体的组织动员。依据不同的标准和侧重点，可以将网络舆情的组织动员模式进行不同的分类。

如果从网络舆情组织动员的客观诱发因素出发，可借鉴有关学者对网络群体性事件的研究成果[1]，将网络舆情的组织动员模式分为四种：

一是焦点型组织动员模式。如宜黄拆迁事件，围绕拆迁自焚这一焦点议题展开组织动员，层层推进，直到事件取得阶段性进展，网络舆情才告一段落。

二是诱发型组织动员模式。如微博解救乞讨儿童事件，缘于中国社会科学院教授于建嵘发起，吸引普通公众和公安机关参与行动。

---

[1] 何国平：《网络群体性事件的动员模式及其舆论引导》，《思想政治工作研究》，2009年第9期。

三是泄愤型组织动员模式。如方正县开拓团立碑事件，参与的网民主要是借机发泄民族主义情绪，泄愤的动机甚至掩盖了追求事实真相的动机。网民在发泄中实现组织动员，也在发泄过后不约而散。

四是公关型组织动员模式。如张柏芝谢霆锋离婚事件、日本地震造成核泄漏引发的抢盐风波等网络舆情的背后，都可以看到明星经纪人、造谣煽动者等网络推手和网络水军公关活动的身影。

如果按网络舆情组织动员的主体来划分，可分为三种组织动员模式：

一是公众个体型组织动员模式。如温州动车追尾事故中，导致网络舆情萌发的最初主体是一个个分散的公众个体，在整个网络舆情形成、发展过程中，也是分散的公众个体在网上发挥主导作用。

二是意见领袖型组织动员模式。如宜黄拆迁事件，发生于江西一个偏僻小县城，最后演变成具有广泛关注度和巨大影响力的网络舆情事件，邓飞等意见领袖的组织动员起了关键作用，且这种作用贯穿于网络舆情发展的全过程。虽然邓飞等也是个体，但属于极具影响力和号召力的个体。

三是群体型组织动员模式。如厦门PX事件中的组织参与主体，一开始便以一个与政府决策持不同意见的群体形式出现。在随后的网络舆情发展中，参与者也是以群体为单位进行组织动员。

无论网络舆情的组织动员模式如何，我们都可以看到，群体极化现象在网络舆情中普遍存在，而具有较高关注度的公共事件、网民的共同体验、活跃的意见领袖、开放的网络传播载体和相对分隔的网络参与群体等五个方面，则是网络舆情生成演化和组织动员的关键要素。

纵观诸多网络舆情事件，其组织动员过程大体都经历"公共议题出现→公众展开讨论→分成公众子群体→意见领袖介入→网络与传统媒体互动→相对一致意见形成→线上公众参与转向线下集体行动"。

前面已分析过，网络舆情中的网民参与是一种集群行为，也是一种基于组织动员的行动，因而不妨称之为"集群行动"。控制权转让理论认为，一个个分散的、理性的公众个体之所以参与到"集群行动"中来，其实是控制权的理性转让，即把对自己行动的控制权主动转让给别人。

对于网络舆情来说，这种控制权的理性转让便是公众个体响应相关组织动员，主动参与到网络舆情中来。虽说在网民参与的前期有感情因素的激发，但从持续性的网民参与来看，这种转让不是一时感情冲动的结果，更不是对外界的本能反应，而是一种经过外界动员和内心权衡利弊的理性行动。

在一些涉及网民个人和公共利益，或参与行动可能危及自身安全的网络舆情事件中，公众在控制权转让之前还会进行一番"成本—收益"分析。网民认为"自己保持对行为控制权的代价超过了其所获得的收益，而转让控制权则可以获得最大限度的利益"[①]。像厦门PX事件、广州保卫粤语事件等网络舆情事件中，参与网民最后都选择了线下参与行动，其实就是他们在权衡参与行动的成本（时间、出行交通费、请假、旷工等）与收益（保护自己、家人、公共生活环境及身体健康或维护粤语语言权）后做出的控制权转让行为。

如果没有参与网民的控制权的集中转让，组织性、目的性都极强的部分行动几乎不可能发生。"在充满同仇敌忾的群体中，接受转让控制权的对象越集中（如集中于一个领导者），群体采取对抗行动甚至极端行动（如暴力）的可能性就越大，且其行动越具组织性；反之，如果缺乏领导者，则会发生类似于脱逃时的慌乱无序行为。"[②]

资源动员理论（Resource Mobilization Theory）也可以对网络舆情的

---

① 胡联合：《群体性事件：何以发生与演化——关于群体性事件的理论及其启示》，《中国社会科学（内部文稿）》，2009年第3期。

② 同上。

组织动员进行解释。该理论的基石是理性选择理论。跟控制权转让理论一样，理性选择理论也强调参与公共事件的公众是理性的公众，公众参与行为不是一种非理性的情绪化行为，而是追求利益最大化的公众个体对参与集群行为的"成本—收益"进行分析判断后的一种理性行动。

社会学家和政治学家查尔斯·蒂利、扎尔德、莫里斯等人，通过对集群行为的研究，提出了更为明确的资源动员理论。该理论不是将集群行为当作社会病态的反映，而是把集群行为看成是对社会新形势的一种积极的、理性的、创新型的反映。

在资源动员理论看来，社会中的不满和对立是经常存在的，但是组织动员公众参与集群行为的资源并不常有，它需要较为庞大的社会资源成本，如时间、人数、金钱、第三方力量的支持，场地或公共平台的提供，意识形态的引导，大众传媒和意见领袖的介入等。

以网络舆情为例，如果没有在网络公共平台对公众行动资源的动员，公众没有对"收益大于成本"的理性预期，即使网上已经存在或形成了可能导致集群行为发生的不满情绪，也不过是昙花一现的发泄而已，很难形成大规模公众参与的集群行动。

此外，公众参与网络舆情不仅要权衡个人的"成本—收益"，还涉及公共政策制定者、意见领袖以及公权力与私权利之间的力量博弈，涉及旁观的公众和大众传媒。在组织动员过程中，大众传媒作为信息的过滤器对公众的参与行动具有很大影响。

公众参与网络舆情，也需要时间、人数、金钱、第三方力量的支持等行动资源。其中，尤其依赖时间资源。理由是：网民在线上的关注、转发、评论以及线下参与行动，都需要付出不少时间。因此，网络传播时间上的快捷性有利于提高网络舆情组织动员的效率。如，在温州动车追尾事故中，有关事故的微博信息几乎与事故的发生同步；在宜黄拆迁事件中，微博对"机场女厕攻防战"进行了直播。这些即时播报，都为迅速动员网民参与网络舆情事件发挥了重要作用。

思考题：

1．公众在网络舆情的组织动员中，扮演的是什么角色？

2．在宜黄拆迁事件中，网络局部性优势意见是如何推动网络舆情进入高潮阶段的？

3．除了本节介绍的网络舆情的四种组织动员模式，你还能尝试从其他角度对其进行新的分类吗？

实 操 篇

第四章　网络舆情的监测搜集

一直以来，我国政府机关在开展网络舆情监测搜集时，较多采取的是"坚守一个阵地，借助两个力量，发挥媒体作用"的模式，即坚守主流舆论阵地，借助专业舆情监测分析机构和社会大众舆论监督的力量，发挥各类媒体的"前哨站"作用，成效颇为可观。这种操作模式也被企事业单位、社会团体等借鉴应用。但在移动互联网背景下，随着信息技术的发展、智能手机的普及和新媒体的涌现，舆情监测的范围、手段都在发生变化，专业机构、主流媒体作为舆情监测重要力量的作用更加凸显。

第一节　监测范围

近年来，在各类网站、论坛和微博持续发展的同时，新闻类、短视频类等各种移动客户端迅速崛起，以微信为代表的社交媒体更是颠覆了人们的交往方式，使得网络舆情发酵和传播的平台更加多样，网络舆情监测范围不断拓展。根据目前网络媒介的发展现状，舆情监测范围主要包括以下五大平台：

一、网站：从舆情发源地到意见收集平台

网站是运用互联网手段建构，用于展示一系列网页内容的数据集合

体。作为中国互联网发展的早期产物，网站从单一呆板走向千姿百态，至今仍是网络活动不可或缺的工具。按功能划分，网站大致可分为：以人民网、新华网、央视网等为代表的新闻网站；以腾讯、网易、淘宝等为代表的门户或商业网站；以红十字会、亚洲动物基金会等为代表的公益性机构网站；中央、各省区市和地方的政府网站。

自1994年中国作为第71个国家级网正式加入国际互联网以来，网站建设逐步遍及虚拟空间的各个角落。在这段蒙昧发展期，由于受到网民高度聚焦，网站在较长时间内成为网络舆情的主要载体之一，也暴露出当时管理水平参差、舆情应对乏力等弊端。其中，地方政府网站一度成为舆情"重灾区"，受到全国关注的网络舆情事件多发端于此。

风起于青蘋之末。只要有足够的"爆点"，地方政府网站发布的新闻信息极易刺激网民热议，引发轩然大波。2007年10月，陕西镇坪县农民周正龙大概不会想到，他声称用胶片和数码相机同时拍摄到两组清晰的野生华南虎照片，尽管陕西省林业厅予以确认后奖励他2万元，并在其官方网站发布新闻，但他仍然陷入巨大的舆论旋涡。随着广大网民对虎照真实性的质疑，以及专家学者、公安机关的介入调查，事件真相最终"反转"。2008年6月29日，陕西省政府有关部门宣布虎照"造假"（实为翻拍华南虎年画），令亿万网民目瞪口呆。同年底，蓄意造假、欺世盗名的周正龙被判刑两年六个月。而虎照真相逐步被揭示的过程，被舆

警方出示周正龙造假证据（图片来源：央视网）

论称为科学战胜伪科学、舆论监督战胜武断认定的过程。

相比略显枯燥乏味的文字稿，地方政府网站上的视觉材料，特别是"一把手"的照片，更容易引发意料之外的网络舆情事件。2012年6月25日，陕西大荔县人民政府网发布了一条关于县委书记慰问贫困老党员的新闻，配图中县委书记面前摆放的一盒香烟，每条参考价高达千元，遭到不少网民跟帖批评，认为该书记"慰问贫困党员，抽这样的名烟太奢侈"。一些地方政府网站还被挖出官员的"悬浮照"，引发舆情事件。如2013年4月，四川会理县官网出现三位县领导"悬浮"在公路上检查新公路的照片；同月，在四川内江市官网发布的一则新闻配图中，领导"站在自己的影子中间"。

所谓"有图有真相"，网民的"挑刺"事实上也是基层民众对公权力的一种监督与反馈，推动着网络舆情事件的发展演变。

当下，各种网站因应新媒体时代互动交流的需要，均已开通留言评论的功能。作为主流媒体之一的政府网站，更是通过建言献策、意见征集、网上听证等方式，[1]为公众提供了多种意见和诉求表达的渠道，成为政府网络问政的重要平台。值得一提的是，2013年9月2日，中央纪委监察部网站开设《我要举报》专栏，"举报直通中南海"成为现实。这个全国统一的网络平台，指导引领着从中央到地方的规范化实名举报网络，"趋于全天候、无死角的全民监督大幕已经拉开"[2]。

集纳式的意见与举报征集有利于舆情监测，但并非一劳永逸。网站管理员的"失误"也会招来网络舆论的非议。2018年5月4日，四川内江市发展改

---

① 朱苣予：《政府网站引导突发事件网络舆情策略研究》，《辽宁行政学院学报》，2015年第5期。

② 曾胜泉：《网络舆情应对技巧》（畅销修订版），广州：广东人民出版社，2017年，第40页。

革委在官方网站上发文，就工作人员对网友留言的内容"答非所问"致歉。

如今，网站虽被新兴媒体分割了不少流量，但网站特别是舆情多发的地方政府官网，历经从舆情发源地到意见收集平台的发展过程，仍履行着其历史使命，在网络舆情监测中处于不容忽视的地位。

二、论坛：以地缘和标签划分的网络社群

论坛与网站存在一定程度的联动关系，因为在我国互联网早期发展中，论坛承担了大量的"曝光""爆料"功能，滋生其舆论的养分部分来自网站。一些网络舆情事件，就是在论坛中经过网民的热烈讨论，逐渐汇成汹涌澎湃的意见之流。

论坛脱胎于BBS，也是一种供用户实时交换信息与资源的虚拟网络平台。借助用户原创内容（UGC）生产模式，论坛的信息发布和评论数量向来庞大，我们可视之为传统的舆情爆发地。

1999年创办的天涯论坛，曾被誉为"最具影响力的全球华人网上家园"，催生过许多耳熟能详的网络热点事件。如借着网友围观的力量，被摄影师在街边抓拍到的一名流浪者形象，迅速红遍大江南北，还被冠名为"犀利哥"，相关帖子也长期占据了论坛首页。

除了曝光腐败官员，此类兼具娱乐与恶搞的内容屡见不鲜，几乎成为论坛的主流，甚至催生了一种至今影响巨大的网络现象——人肉搜索。其中标志性事件为2001年某月某日，一男性网友在猫扑论坛贴出一张神秘美女照，并炫耀其为自己的女友，瞬间引起热议。但旋即就被人通过技术扒出，此女其实是刚刚代言了微软公司的香港女影星陈自瑶。

潘多拉的盒子一旦被打开，个人隐私权便有被擎着"求真相"旗号的网民侵犯之虞。由于个别网民缺乏舆论边际自控力，网络道德观念淡薄，导致论坛上出现了不少有害言论和隐私爆料，破坏了网络舆论生态。及至

2017年10月1日起，国家互联网信息办公室正式施行《互联网论坛社区服务管理规定》，强制论坛用户"后台实名、前台自愿"，论坛管理才逐步走向规范有序。

相比承载了多数"80后"记忆的天涯、猫扑等，"90后""00后"网民的身影更多地出没在新生的论坛当中。新生论坛有一个明显特征，就是以标签化为划分标准，精准定位用户群体，打造一个个新型网络社群。这些标签包括读书、电影、动漫等，具体论坛则有百度贴吧、豆瓣、知乎、AcFun、bilibili等。

由于互联网新技术的交互特性，新生代网民拥有了更多对公共事务进行评论、交换意见、形成舆论的场所。随着知情能力和评论能力的提高，他们对社会生活和社会决策过程的介入程度越来越高。[1]活跃于论坛上的年轻用户，不仅联系情感、交流兴趣，甚至会通过互联网的方式来表达政治诉求。百度贴吧的"李毅吧"曾组织过一场引发网络舆情事件的网络行动，论坛用户于2016年1月20日当晚在美国脸书网站上展开"轰炸"，迫使三个宣扬"台独"的脸书网页屏蔽了评论功能。

网络论坛包含社会性和群体性，人们可以从中得到社会认同感和群体亲近感。地缘关系最容易唤起网民的亲切感与贴近性，正如地方政府网站纷纷开设意见收集和举报渠道，本地论坛亦有利于将地方性事件"就地解决"，而不至于掀起更大的网络舆论风波。如搜房网较早实行"双版主制"，各个小区的网络论坛版主由网络管理员和居委会人员担任，有助于便捷地解决小区内部的矛盾纠纷，改善邻里关系。

---

① 胡泳：《网络社群的崛起》，《南风窗》，2009年第22期。

三、微博：公共议事厅改变传统舆论格局

通过电脑、手机等终端发布即时资讯的微博，每条信息限制在140字内（2015年已开放至2000字内），附有超链接和图片、视频等功能。2009年，新浪微博测试版上线，以"名人路线"吸引大量网民加入，使微博迅速发展成为国内影响力最大的新媒体平台之一。

随着移动互联网的迅猛发展，微博传播力、影响力愈发凸显，吸引了大批专家学者、社会名人、突发事件当事人和围观者使用，论坛、博客在网络舆情事件曝光方面的功能随之弱化，微博逐渐成为网络监督的主阵地。2012年12月6日，北京媒体人罗昌平连发3条微博，实名举报时任国家能源局局长刘铁男涉嫌伪造学历、官商勾结、包养情妇等问题，最终导致刘铁男落马入狱，被认为是微博反腐的里程碑。随着用户发布的信息内容从日常生活转向社会事件，微博发展成为网络公共议事厅，打破了传统媒体垄断话语权的局面。

因具有点对面的传播功能，每个账号主体都可视为一个媒体，各种信息容易裂变式传播，微博已经成为网络舆情的重要引爆地。在监测搜集微博舆情时，应重点关注个人用户、认证"大V"所发布的原创内容，其中往往藏着引发网络舆情事件的关键要素。

2016年4月3日晚，一名女性微博用户发布长文，称自己入住北京某酒店时，遭到一陌生男子袭击，并上传了案发现场的监控视频。这一恶性事件当晚就刷屏网络，该条微博转发逾60万次，阅读量超过5亿次。又如2011年6月中旬，由于误将微博当作私密聊天的即时通信工具，江苏溧阳市卫生局局长谢志强在微博上与某女子进行不雅对话的截图遭曝光，成为当年网络舆情的典型案例。

较之网站的单向传播与论坛的延时传播，微博打破了传统的网络舆论格局，在长久以来"自上而下"的信息传播路径之外，形成了真正属于普

通网民的沟通、交流、表达渠道，也开创了Web2.0的"直播时代"。通过手机等移动终端设备，每个人都可以轻而易举地成为信息发布者，进而在微博上成为网络舆情的推动者。[①]

以秒为时效构建"发送—反馈"模式的微博，可形成一个几乎不存在时差的舆论场域，促使网络舆情事件快速发酵爆发。纵观江西宜黄拆迁、温州动车追尾、雅安地震、马航失联等多起重大突发事件，我们可以看到，微博已成为公共事件网络舆情生成发展的首要场域。

四、微信：私密群圈使舆情环境更为复杂

微信自2011年上线以来，只用了7年多时间，用户数即突破10亿。2020年5月13日，腾讯相关报告显示，微信月活用户逾12亿。

作为一款完全基于移动终端开发的社交类软件，微信更具有私人属性，其信息传播主要经由朋友圈、微信群、私人聊天等方式进行循环流动。通过观察诸多在微信引爆的网络舆情事件，我们发现微信虽然剔除了"加V"认证的功能，也没有设置陌生网民互相讨论交流的公共空间，但是，依托庞大的用户量和手机移动端，微信事实上已形成了"被技术手段隐藏了的媒体属性"，对舆论的影响力不可忽视。[②]

比之微博内容的"短、平、快"，微信更容易牵引网络舆情向纵深发展，更多地作用于深层次的人类情感。如，2016年11月发生的罗尔筹款事件，正是微信用户的"共情"与"慷慨解囊"，使其向网络舆情事件转化。深圳媒体人罗尔为了给患白血病的女儿罗一笑筹款，在个人微信公

---

① 李雪昆：《微博、社群新兴舆论载体作用突出》，《中国新闻出版报》，2010年12月23日。

② 陆高峰：《微信将成为舆情监测的新阵地》，《青年记者》，2014年第6期。

众号发布了《罗一笑,你给我站住!》等多篇感人文章,称女儿医疗费很高,希望读者转发,每转发一次,便会为女儿筹一元钱。其文章打赏额迅速突破微信平台打赏上限。但此事很快被网友质疑为营销炒作,揭穿罗一笑医疗费并不高,善款早已筹足,且罗尔在深圳与东莞均有房产。感人肺腑的微信文本与被曝诈捐的反转后续,使微信用户的信任感被深深地戳伤了,基于熟人关系和共同趣缘构筑的群圈功能也受到质疑。

微信舆情传播的路径趋向个性化、隐私化。在群圈中,来自各个网络媒体平台的信息均在此汇集交融,经由群体讨论后形成的观点容易趋向极端化,令非理性情绪充斥圈层而难以察觉。这必然导致网络舆情变得更为复杂与不可预测,潜在影响范围更广,给还原事件真相与网络舆情监测造成了更大的困难。[①]为此,微信安全中心每月公布一批谣言榜单,目的就是防止因虚假信息导致网络舆情的产生。

如今,被称为"自媒体"的微信公众号数量,与微信注册用户数"并驾齐驱",总量一度超过2000万。绝大多数的微信舆情事件,就出自公众号推文。2018年5月11日晚,知名公众号二更食堂针对滴滴顺风车司机杀害空姐事件,发布内容极尽低俗的推文,引起舆论哗然,导致该公众号被永久关闭,CEO被免职。

而早在2017年6月1日起,国家互联网信息办公室施行《互联网新闻信息服务管理规定》,同一月内就有包括毒舌电影、关爱八卦成长协会等一批微信公众号因违规发布新闻信息被永久关闭。

正因为微信舆情存在闭环内私密流通的特性,导致某些网络舆情事件在暗地里发酵,并且只在某些特定人群圈子内扩散,圈外普通用户无从获

---

① 樊璐瑶:《新媒体时代微信舆情的监控策略研究》,《新闻爱好者》,2016年第10期。

悉。然而，一旦网络舆情事件形成，迅速刷屏于各大网络平台，甚至传统媒体跟进报道时，涉事主体将面临极大的舆论风险压力。因此，对于舆情环境极为复杂的微信平台，主管部门应依法依规加强监管，规范传播秩序。

五、移动客户端：兼具算法与媒体属性的新媒介

移动互联网时代，使用手机上网的人数已占绝大多数。截至2021年6月，我国已有手机网民10.07亿，占网民总数的99.6%，令其他上网工具的使用率不断降低。

基于前期网络技术叠加，微博、豆瓣、知乎以及不少网站、论坛均已开发了接入手机端口的移动客户端（APP）软件。我们在此讨论的新闻APP，按照目前的市场划分标准，主要分为商业新闻APP与传统新闻APP两类。[①]前者为某一行业或领域的垂直类APP，如头条新闻、腾讯新闻等；后者为纸媒、通讯社、网站等建设的专业类APP，如人民日报客户端、澎湃新闻、羊城派、南方＋等。

相比通过购买转载版权获得流量变现的商业新闻APP，传统新闻APP更注重打造重磅的新闻产品，其原创报道更容易导致网络舆情事件的发生。号称"中国反腐报道第一平台"的"打虎记"，是澎湃新闻APP开设的专题频道，曾多次首发关于官员落马的原创报道，这类信息极易触动普通网民的敏感神经，并经过多方转载，引发连锁效应，故而应给予足够的重视。

网络技术手段变化带来的信息传播模式变革，使得传统的信息载体由纯文字向图文形式转变，又进一步转向视频。2017年11月，《新京报》的一档人物专访栏目《局面》发布视频，记录了江歌的母亲江秋莲与刘鑫

---

① 黄国春：《新闻类APP竞争语境下主流媒体APP突围和规制》，《中国编辑》，2018年第5期。

见面的情景。镜头里，两人情绪失控、歇斯底里的对立态度，引起网络舆论对江歌案的高度关注。2022年1月10日，江秋莲起诉刘鑫侵犯生命权纠纷案一审宣判，法院判定刘鑫赔偿江秋莲各项经济损失及精神损害抚慰金69.6万元。该案的再次传播扩散仍以视频占主导。江歌是山东青岛的留日女学生，她于2016年11月3日凌晨在东京中野车站接回同住女友刘鑫时，在公寓楼门口遇到持刀埋伏的刘鑫的前男友，双方发生争执，走在前面的刘鑫先行入室并将门锁闭，挡在门外的江歌被该男子杀害。

值得一提的是，与今日头条的内容生产和分发机理类似，占据视频类主要市场份额的多个APP均可依靠大数据分析、智能算法等技术推测用户兴趣，以达到分众传播、精准推送的目的。但这种方便快捷的商业推广手段，却可能给网络舆论生态埋下隐患。正如古斯塔夫·勒庞在《乌合之众——大众心理研究》一书中所述的"我们始终有一种错觉，以为我们的感情源自于我们自己的内心"，普通网民在使用一些视频类APP时所产生的"代入感"与"归属感"，很可能来自于代码算法的引导，其背后是出于商业目的的营销炒作。

2018年5月，暴走漫画APP因发布含有戏谑侮辱烈士内容的短视频，被无限期关停。6月，国家互联网信息办公室核查美拍整改情况时发现，该网络直播短视频平台仍在传播未成年人衣着暴露、性暗示等低俗不良信息，有关算法推荐功能被暂停。抖音、快手等知名短视频APP也曾历经整顿。可见，新媒介不能依赖纯粹的大数据分析和人工智能分发信息，而应坚持用主流价值导向驾驭算法，使算法的运行始终不偏离正确轨道。

综上所述，随着互联网技术的发展与移动互联网渗透人们的日常生活，网络舆情监测所面临的局面愈发复杂，舆情形成与演变也愈发多样。如，通过众口发声形成的微博舆情（江歌案）、基于信任的熟人传播形成的微信舆情（罗尔事件）、基于算法推荐引发不良后果的APP舆情（美拍整改）等。但早期的网络媒介并非从此失去了舆情监测的意义，相反，网站、论坛（BBS）等传统的网络舆论载体已与新媒体形成互为补充的关系，同样是网络舆情搜集不可或缺的平台。

思考题：

1．为什么说传统的网络舆论载体已与新媒体形成互为补充的关系？它们之间是如何形成这种关系的？

2．对于本节纳入舆情监测范围的五种媒介，请各用一个或数个关键词概括其特点，并加以简述。

第二节　监测手段

网络舆情监测手段通常分为人工监测和技术监测。随着互联网信息技术发展和自媒体勃兴，这两种手段在不同范围、不同领域发挥着重要作用，且呈现相互融合态势。

一、通过人工手段进行监测

人工监测是利用普通的PC端或移动端，通过浏览网站、论坛、微博、微信等新媒体平台，下载多个新闻客户端，输入关键字词，以此搜集网络舆情发生发展信息的一种易于操作的监测手段。我们日常接收网络信息的行为，亦可视之为舆情监测搜集的雏形。

（一）普遍适用于网络舆论场的个体

人工手段操作简便，普遍适用于活跃在网络舆论场的个体。通过"接收信息—甄别真伪—判断价值—反馈信息"的处理模式，每一名网民既是网络世界的观测者，也是构筑者，这就是所谓"围观的力量"。

对于网民而言，只要有条件接入互联网，各种新闻资讯便可迅速、精准地推送到自己的手机界面。如2018年俄罗斯世界杯期间，腾讯、网易、百度等新闻APP对比赛结果的播报分秒必争，弹窗速度更是以秒计，让每一位安装APP的网民都能及时接收到所预期的信息资讯。

（二）系统化专业化的人工监测手段

当媒体机构、社会团体、政府机关、企事业单位等希望利用人工监测手段，有目的地定向搜集舆情信息时，需要依仗一套系统化、专业化的信源整理思路与操作方式。

目前，包括网站、论坛、APP、微博和微信在内，新媒体平台分类日渐细致，信息体量逐日庞大，舆情监测者可以根据自己的使用习惯或平台内部的分类，逐层深入，细致查找。

我们要全面关注各类新媒体平台，并按照媒介属性和内容定位进行归类。可利用浏览器的收藏夹功能，建立独立而命名清晰的标签文件夹，并分类为政府网站、门户网站新闻频道、视频网站、论坛、微博、微信等。

我们要在分类恰当的标签文件夹之下，再垂直细分出各平台内部的重点监测对象。如，在微博的网络文件夹中，可添加一些具有舆论影响力的大V、意见领袖和其他认证用户，提高舆情监测质效。

我们也要主动出击，充分利用市场上现有的网络搜索引擎，通过输入关键字词的方式，搜集相关舆情信息。这种方式基本实现了对单一定向监测目标的跨平台搜索，节省了切换信源和重复搜集的时间成本。

同时，我们还需要掌握相应的搜索技巧——

以百度搜索为例，在搜索框内键入"intitle：监测目标"，可把监测目标限定在网页标题内；键入"site：url 监测目标"（url即网址的域名），可把监测目标限定在指定站点中；键入"＋监测目标1＋监测目标2＋监测目标3"，可把三项不同监测目标同时包含在需要查找的网页内。

以微信搜索为例，可直接进入微信搜索频道，灵活使用搜索工具，精准定位微信文章的推送日期、类型（是否图集或含视频）、推送账号等。

（三）监测特定新媒体平台的必要性

上文提到，微信作为一种广泛应用的社交软件，其私密性与隐秘性使之难以监控，往往是微信舆情事件传开时已酿成较为严重的后果。通过人工监测手段及早介入，可在一定程度上缓解这种"为时已晚"的尴尬。

发酵于微信平台的深圳媒体人罗尔筹款事件，可作为人工监测特定新媒体平台必要性的注脚。罗尔发表的公众号文章《罗一笑，你给我站住！》引发了一场诈捐风波，新华社等主流传统媒体纷纷跟进报道。相关报道经由大量微信用户转发、评论，迅速扩散到其他网络平台，形成了影响巨大的网络舆情事件。但在传统媒体尚未报道之前，若非时刻关注微信朋友圈，并敏锐捕捉到用户情绪的波动，我们将无从得知此事正处于怎样的舆情发展阶段，更无法及时有效处置舆情。

与论坛、微博等公开或半公开的网络舆论场不同，微信舆论场具有碎片化、私人化、群圈化等特点。微信中不同群体的用户之间缺乏沟通、交流的场域，他们各有各的聊天群、朋友圈和订阅号。不同价值取向、知识水平的微信用户扎堆交流，造成了典型的舆论分化现象，导致舆情事件更容易在微信发生且处置更难。

因此，在这个聚集海量注册用户的微信舆论场，任何风吹草动都可能导致舆情走偏与极化，我们不得不花更多时间和精力去捕捉"看不见的舆情信号"。可招募不同职业、年龄、地域的志愿者，通过在线协同合作的模式，搜集微信平台反映的社会热点问题，从而避免因监测者自身条件局限而疏忽某些关键舆情。

二、通过技术手段进行监测

如今，市场上各类舆情监测软件非常丰富，且迭代迅速。各种舆情监测机构亦如雨后春笋，不断增长。了解目前常见的舆情监测软件和机构，对需要借助技术手段监测舆情的单位而言很有必要。

（一）主流媒体与高校的前期探索

随着新媒体平台的不断涌现，舆情监测搜集面临着范围广、搜集难、情况复杂等现实困境。于是，舆情监测软件和机构应运而生，形成了一个规模庞大的第三方市场。有学者认为，一开始以政府部门为主导力量的舆情监测市场，通过数年的壮大，目前已有过百亿元的估值。[①]

早在2003年，新华网即开始为中央有关部门提供舆情报告，旗下的舆情在线是国内最早从事网络舆情监测、研究的专业机构之一。其时，舆情在线已实现对PC端、平板端、手机端的实时监测，并推出全时段的人工预警功能。2008年，人民网组建舆情监测室（2017年更名为"人民网舆情数据中心"），以高端定量定制的方式，提供一整套完备的网络舆情监测分析服务。围绕各类网络舆情事件、网络热点话题，人民网深度介入其中，邀请当事人、政府官员、专家学者等参加线上讨论，正确引导舆论。

与具有官方背景的主流媒体类似的是，高校或学术机构的舆情监测拥有得天独厚的师资与人才优势，在移动互联网时代到来之初，就适时地开展了相关研究与服务。

2005年，中国传媒大学建立了公关舆情研究所，除了网络舆情搜集与危机预警外，还推出品牌宣传、公关活动等颇具商业色彩的服务项目。2008年，中国人民大学开始从事网络舆情监测研究与服务。随后，复旦大学、上海交通大学、华中科技大学等著名学府也设立了相应的舆情研究机构。

（二）体量庞大的舆情监测市场

随着互联网技术的发展，舆情监测对象呈爆炸性增长趋势，商业机构、专业人士开始认识到舆情搜集分析服务潜藏的巨大商业价值。基于营利为主要目的的第三方舆情监测机构，借助技术手段，为目标用户提供更为完备化和个性化的舆情服务，形成了一个囊括政府部门、主流媒体、高校、专业人士在内的舆情监测市场。

第三方舆情监测机构可提供舆情搜集、数据挖掘、分析研判、舆情预警、对策建议等服务，并根据舆情动态分析为服务对象定制品牌传播与商

---

① 邓玉成：《略论我国舆情产业的现状与发展前景》，人民网，2018年1月24日。

业宣传策略。这类机构技术力量雄厚，舆情信息抓取能力较强，已得到市场广泛认可，体量也在不断扩张。我们可通过搜索引擎导引出诸多向社会开放服务的商业机构，如红麦软件、林克舆情监测系统、泰一指尚等。

有报告指出，网络舆情监测市场已初具产业形态，但亦存在不少问题，如因行业、资源、团队等各有优劣，且彼此鲜见资源互通共享，造成了行业内部的割裂；因缺乏大数据分析人才，舆情信息结构化设计思路落后，无法出具操作性强的分析报告；因持续创新能力不足，多扎根于某一垂直行业进行舆情监测与搜集，导致产品单一，服务同质化严重等。[1]

（三）多维度的技术监测手段

目前，网络舆情技术监测手段呈现开放式、大数据和多维度的态势。就监测系统和监测工具来看，有百度指数、新浪微指数、谷歌趋势、清博指数、微信指数等开放平台，有Excel、数据抽样、数据整理等数据分析工具，有方正、军犬、拓尔思等监测系统。可将这些多维度的技术监测手段分为搜索引擎和监测平台两大类。这两类监测技术各具特色，各有优劣。

舆情监测商业机构如何通过技术监测手段分析网络舆情事件？通过它们的技术监测，能得到怎样的舆情分析报告？下文即以2018年4月间发生的鸿茅药酒网络舆情事件为例加以说明。

搜索引擎和监测平台的内涵与特点比较

	搜索引擎	监测平台
功能与服务	利益驱动，掺杂不合理因素	数据过滤、分析、挖掘
采集范围	全网，针对性不足	定向，特定网站精确采集
检索方式	已知/简单/被动	非确定/多逻辑关系/主动
搜索结果	全面/相关性差	自动分类呈现/分析
处置结果	简单订阅	完备的数据统计

---

[1] 于新扬：《中国网络舆情监测发展现状及不足》，《传媒观察》，2015年第1期。

鸿茅药酒事件，是指广州医生谭秦东因在网上"吐槽"鸿茅药酒质量问题，被跨省抓捕所引发的一系列连锁舆情事件。据人民网舆情数据中心监测显示，截至2018年4月16日，全网相关新闻已达2231篇，APP推送1054篇，微博20769条，微信文章473篇。而据艾媒舆情统计显示，4月15日，鸿茅药酒事件的关注度开始呈现急速上升趋势，到4月17日，网络关注度达到顶峰。

在舆情爆发期，识微商情称，从各个平台监测数据显示，微博是讨论此事件最主要的平台，占比97.5%。艾媒舆情则指出，除了微博阵地，在事件曝光第二天，大量媒体跟进，事件在网页端的传播量不断上升，同样于4月17日达到峰值。

而在关乎舆情应对策略重要参考指标的"网民意见"一项，艾媒舆情指出，网民质疑焦点主要集中在鸿茅药酒滥用公权力（69.3%）、公民权益如何依法保障（53.7%）、鸿茅药酒是保健品还是处方药（32.6%）、违法广告为何一路畅通（26.4%）等方面。

从上述两家商业机构的不同舆情分析报告可以看出，目前对网络舆情的监测是多维度的，通过不同的技术手段、分析参数和传播平台，会得出不同的监测分析结果。

三、构建"人脑＋电脑"的综合监测体系

实践证明，无论通过人工手段还是技术手段监测网络舆情，都不可避免地存在短板与死角。只有将这两种方式有机结合起来，才能更好地提高舆情监测的质量和效率。

（一）实现人机手段的协同互联

人工监测手段具有灵活切换目标对象的优势，可更为有效地监测微信平台上具有封闭性的舆情信息，但也存在反应缓慢、监测狭窄等弊端。

而技术监测手段经由一系列前期写入的指令进行全网跨平台自动化舆情搜索，虽然难以即时变更监测对象，但解决了人工监测手段的种种不足。在移动互联网时代传播平台日益增多的背景下，技术监测在全面快速发现舆情方面显得更有优势，人工监测多作为有益补充。

当然，我们也应清醒地认识到，舆情监测不可能仅仅依靠自动化技术手段，舆情分析人员的作用同样不可忽视，而且贯穿于舆情监测软件开发、测试、应用、迭代等所有环节。兼具技术开发与情报分析能力的专业人士，应在人机协同过程中始终占据主导地位。

目前，学界与业界均在探索构建"人脑 + 电脑"的综合监测体系，发挥人工监测与技术监测的各自优势，实现人机手段的协同互联。主流媒体、高等院校、商业舆情机构正在优化监测手段，谋求深度合作，为政府和其他用户提供舆情监测预警、分析研判、应对处置、效果评估、体系建设等全方位一体化服务。[1]

（二）人机一体化舆情监测的现实应用

人机一体化舆情监测手段，一方面强调了电脑软件监测、大数据挖掘、信息结构化的功能和技术，另一方面凸显了专业舆情分析人员在舆情分析、指标设置、引导策略、后续追踪等环节的关键性作用，因此成为众多后发舆情服务机构"弯道超车"的选择。而来自政府部门的现实需求，长期以来支撑着舆情监测产业的稳步发展，并推动行业内部的优胜劣汰。其中，传统媒体凭借着雄厚的政府资源、人才资源、市场资源，已在人机一体化舆情监测产品上建树良多。

2015年10月，羊城晚报报业集团率先布局大数据传媒产品，打造羊城

---

[1] 吴涛：《我国舆情产业的兴起节点、逻辑背景与未来走向》，《当代传播》，2018年第3期。

晚报智慧信息研究中心，开创性地提出"舆情共享，业务协同"的服务模式。该中心整合百度、国家信息中心网络政府研究中心等合作方的优质资源，推出在线数据服务、研究咨询、数据报告、数据指数、舆情监测等多种形态的服务及产品，打造大数据领域新型载体，助力政府互联网综合治理，提升企业的业务价值。2018年5月，又成立羊城晚报传媒智库，定位为"原创服务型媒体智库"，构筑起"专家大脑＋技术电脑"的舆情监测模式。此外，南方舆情数据研究院虽然建立时间较晚，但通过与相关技术公司和高校研究机构的合作，亦已顺利建构起人机一体化服务体系。

综上所述，人工监测与技术监测并非泾渭分明，它们相互补充不足，在舆情监测搜集过程中发挥着不可替代的作用。了解两者的优势和异同，有利于我们在应对不同平台的网络舆情事件时选择最恰当的监测手段，收到最佳效果。同时，舆情搜集的自动化、智能化已是大势所趋，人机协同要进一步借助先进技术，拓宽信息搜集广度，增强信息分析深度，全面提升舆情监测的质量和效率。目前，全国已有不少融合转型的媒体集团深耕舆情业务，在人机一体化舆情监测服务方面卓有成效。

思考题：

1. 除本节所述外，你认为人工监测手段还有哪些可供参考或补充的做法？请至少列出3项，并简单说明。

2. 人机一体化舆情监测手段可以克服哪些现实困难？如果产生新的监测难题，该如何正确应对？

第三节　监测指标

为了做好移动互联网时代的网络舆情监测，及时甄别负面舆情，营造和谐正向的网络舆论环境，业界与学界进行了大量的研究与探索，目前已形成了多元化、专业化、跨学科的监测指标体系构建方法。本节内容将围绕建立舆情监测指标体系的基本知识和方法，探讨开展此项工作应具备的理论工具、基本原则，概述已有的较为成熟的理想模型理论，并展望其在大数据背景下的发展方向。

一、建立监测指标体系的前期准备

建立监测指标体系是通过技术手段监测舆情的关键一步，它是依托低技术时期积累的经验教训，结合不断发展的信息技术所建立的一套理想模型。在介绍模型设计之前，我们首先要了解建立监测指标体系的目的、原则和舆情预警级别。

（一）建立监测指标体系的目的

建立监测指标体系，目的是提高舆情监测质效，促进舆情应对工作。本质上，它是一套数学公式，根据体系模型的设计理念，对舆情事件设定不同的指标（如媒体影响力、网民作用力、政府疏导力等），往下以一级、二级、三级……N级划分相应的权重，并借助科学算法测量舆情事件的综合指标数值，当指标到达一定阈值的时候，体系就会向操作者发出预警并提示下一步应对措施。

经过多年探索发展，监测指标体系日趋成熟，对舆情监测研判具有重要参考作用。如，有专家在研究负面网络舆情监测指标体系时，发现红黄蓝幼儿园虐童事件和江歌案的监测指标体系的监测值相对钱江保姆纵火案的监测值更高，表明前二者舆情热度更高，大V参与更频繁，且网民评论的负面情绪远高于正面或中立情绪，形成舆情危机事件的可能性更大。因此，我们应持续监测事件的后续发展，滚动发布事件处置的权威信息，并通过多平台多渠道引导网民的正面情绪。①

（二）选取监测指标的五项原则

在建立监测指标体系的前期准备中，选取监测指标尤为关键，这关乎指标体系模型是否具有实操性与现实指导意义。一般而言，选取监测指标主要有以下五项原则：

客观性原则。确立监测指标应基于科学客观的考虑，尽可能避免主观和人为因素的影响。而且，指标应根据现有理论框架而设计，不可出现闪烁其词的模糊概念。

整体性原则。监测指标体系是一个系统的理论框架，各项指标应在体系中构成逻辑自洽关系，并形成有机组合的模型结构，可全面反映监测对象的现状和性质。

普遍性原则。建立指标体系的目的是为了对网络舆情事件进行监测预警，因此指标的选取要体现移动互联网的特点和各网络平台信息传播方式的异同，确保网络舆情事件得到准确的监测和预判。

持续性原则。选取监测指标应充分考虑指标的可替换性，为特殊舆情事件的个性化变量指标留有足够的替换空间，亦为快速切入突发事件的舆情监测提供方便。

简易性原则。鉴于日常舆情搜集的庞杂和费时，选取监测指标时应把简易性原则充分体现到操作系统上，减少运维所耗费的资源。

---

① 邢云菲、王晰巍、王铎、韦雅楠：《基于信息熵的新媒体环境下负面网络舆情监测指标体系研究》，《现代情报》，2018年第9期。

（三）监测指标体系的预警分级

前文提到，网络舆情大致经历萌发期、发酵期、爆发期、衰退期四个发展阶段。通过数据挖掘、保存、分析以及监测指标体系的运算，我们可得到目标舆情事件在不同发展阶段的监测数值，并据此设置相应的预警级别，从而更有针对性地开展舆情监测和引导工作。

据笔者观察，已初步成型的网络舆情预警级别，主要参考了2006年国务院发布实施的《国家突发公共事件总体应急预案》。其中，各类突发公共事件按照其性质、严重程度、可控性和影响范围等因素，一般分为四级：Ⅰ级（特别重大）、Ⅱ级（重大）、Ⅲ级（较大）和Ⅳ级（一般）。

Ⅰ级所对应的网络舆情事件，具有极高的曝光度，网民表达欲望极强并次生负面效应，在国内范围快速传播甚至已蔓延至境外。Ⅱ级表示该事件关注度较高，在网上的传播力正在逐步增强，形成跨省份的舆论热议，极有可能形成网络舆情事件。Ⅲ级指的是区域性的、强度中等的网络舆论，未在网上掀起轩然大波，转化为网络舆情事件的概率较低。Ⅳ级则意味着关注度低，事件仅在小范围流传，不太可能成为网络舆情事件。

划分预警等级并根据实际情况在等级下细分，对于建立监测指标体系具有重要指导意义。据此，我们可以设计出较为完善的体系模型。

二、关于指标体系的理想模型概述

任何网络舆情事件都可以用一定的指标加以框定和衡量。通过理想的监测指标体系模型得出的分析数据，可以全面掌握网络舆情事件的发展进程，据此制定精准有效的应对策略。

（一）设计指标体系模型的理论背景

基于不同的学科背景与研究视角，我国有关专家学者对网络舆情的类型进行了充分研究，并据此设计了大量关于舆情监测的指标体系模型。大体而言，这些指标体系模型涉及以下理论背景：

从新闻学的角度而言，可将网络舆情按发酵程度进行估算，有利于划定有关网络舆情的预警分级。

从信息学的角度而言，可把网络舆情划分为潜伏期、扩散期和消退期等不同阶段，有利于把握舆情事件的发展进程。

从社会学的角度而言，可透过网络舆情的性质、事件当事人的感知等，洞察其背后所反映的社会诉求。

从政治学的角度而言，可根据其议程设置理论，从发布者、发布平台与渠道、接受者三方对网络舆情进行分析研判。

从计算机科学的角度而言，主要是利用数据挖掘、大数据分析等前沿技术，对海量舆情信息进行搜集、分类、分析，往往以计算机的算法能力作为主要工具。[1]

综上可见，设计指标体系模型涉及多学科、多概念的综合运用，要将如此庞杂的理论融会贯通是设计的一大难点。此外，现有学科背景主要关注的是网络舆情接近形成或业已形成后的分析模式，而对于尚在潜伏期酝酿阶段的网络舆情事件，则缺乏足够的理论和实践探索。

（二）常见的几种指标体系模型

目前我们常见的网络舆情监测指标体系模型，主要有专家学者提出的以下几种：

黄星等提出可从突发事件作用力、网络媒体作用力、网民作用力3个维度设立10个评价指标，并用加速遗传算法（AGA）对传统投影寻踪（PP）模型进行改进，从而建立起加速遗传算法与投影寻踪（AGA—PP）相结合

---

[1] 连芷萱、兰月新、夏一雪、刘茉、张双狮：《面向大数据的网络舆情多维动态分类与预测模型研究》，《情报杂志》，2018年第5期。

的突发事件网络舆情风险预警模型。

曾润喜等认为应基于统一标准建立系统化、全生命周期的网络舆情指标体系，并利用层次分析法，构建包含警源、警兆、警情三类因素和现象的突发事件网络舆情预警指标体系。

黄怡璇等从信息生态视角出发，通过文献查阅、发放问卷等方式归纳总结出影响网络舆情热度变化的15个因素，并通过决策试行与评价实验室法（DEMATEL，1971年由美国学者提出，主要运用图论理论和矩阵演算对复杂问题进行因素分析和识别），对这些因素进行影响关系分析。结果表明，政府危机处理能力、政府应对满意度、领袖意见导向度、话题类型、水军参与度和参与回应数，可视为影响网络舆情热度评价的关键因素。

王铁套等依据模糊综合评价法构建网络舆情预警模型，采用混合赋权法确定各指标的权重，选择合适的模糊算子确定指标体系中各舆情因素的数值化评价值，最终得到网络舆情的预警等级。他们利用4个一级指标和16个二级指标，以模糊综合评价法，构建出关于网络舆情风险的预警指标体系。

戴媛等基于网络舆情安全的信息搜集，提出可从主流媒体、政府网站、新闻网站、论坛、个人主页、学术类与社科类网站等进行挖掘，并将网络舆情综合指数分为舆情流通量指标、舆情要素指标、舆情状态趋势指标，由此构建起网络舆情安全评估指标体系。

需要指出的是，虽然舆情监测指标体系模型日趋完善，但仍有一些难题亟待解决。首先，模型设计难以完全避免主观因素的影响，对部分指标的选取缺乏足够的数据分析和量化验证；其次，设计过程中常见指标重叠现象，由于标准难以统一，各个指标体系模型之间难以互动互通；最后，指标权重确定方法难以完全排除人为因素的干扰，不同学科背景的设计者在此环节各持己见，最终可能导致迥然不同的分析结果。

综上考量，本书认为，科学建立舆情监测指标体系模型，要基于如下几个方面：首先，要依靠日益发展成熟的大数据技术，不断扩大舆情监测范围，努力实现全网监测，并在数据提取等环节更加全面细致，从而减少主观因素的干扰和制约；其次，监测指标的设置应该囊括影响舆情传播扩散的各个方面，包括舆情涉及的人群、舆情生成发展的来龙去脉等，从而全面掌握舆情走向，同时要尽量避免和减少指标重叠，并妥善处理已经出现的重叠现象；最后，要广泛吸收相关学科在舆情监测研判等领域的最新研究成果，形成能够准确反映舆情走势、正确指导舆情应对的科学体系，避免舆情处置中相关各方出现意见分歧乃至各自为战。

三、监测指标体系的未来发展趋势

尽管舆情监测指标体系模型仍存在一些不足，但随着信息科学的不断发展，指标体系将趋于完善，并有条件深入挖掘潜藏期的各项数据。同时，借助大数据技术，指标体系有望从事中的静态监测优化为闭环式的全过程动态监测，进一步增强舆情监测的准确性和预警性。

（一）挖掘具有扩散潜能的舆情指标数据

在网上海量信息中，只有极少部分信息能变成网络议题进入主流舆论空间，继而被网民激活，将相关舆情从潜伏期推向爆发扩散期。绝大部分网络议题在传播中都快速沉寂，只有那些能引起网民广泛关注、引发主流价值观争鸣、具有普遍社会意义的网络议题，才能在或长或短的时间内演化为网络舆情事件。因此，如何在信息海洋中挖掘具有扩散潜能的舆情指标数据，在网络舆情监测中具有举足轻重的作用。

2018年10月28日，重庆发生一起特大交通事故，一辆公交车碰撞私家车后坠入江中，造成15人遇难。一时间，网上疯传私家车女司机逆行肇事，引发舆论哗然。当时，若通过指标体系较完善的舆情监测技术，我们可以更早地发现，潜藏于汹涌舆情背后的，其实是对"女司机"这一身份的歧视与刻板印象。据此，我们就能够及时组织相关媒体资源和网络评论力量开展舆情引导。尽管事件真相随后反转为公交车跨越实线，女司机并未违规，但对于"女司机"这一舆论话题仍在持续发酵。所以，如果能在更短时间内通过舆情指标数据分析获取潜藏的信息，便可以及时精准地把握舆情事件的本质与动向，而不至于随波逐流、不得要领。

又如，爆发于2018年4月的鸿茅药酒事件，事实上肇始于2017年12月19日广州医生谭秦东发表的质疑鸿茅药酒质量问题的网帖，尽管当时有少量言论在网上流传，但相关报道少之又少，该事件很可能只在司法圈或熟人圈传播。因此，当事件首次进入公众视野并呈燎原之势时，舆情监测明显处于滞后状态，使涉事企业和刑拘谭秦东的当地警方未能及时有效处置舆情。这类蛰伏期长且具有惊人爆发力量的舆情事件，警示我们必须提高舆情监测指标体系的针对性和实效性。

（二）从静态预警向动态预警发展

上文介绍的监测指标体系的预警分级，其描述标准是相对固化而具体的，适用于网络舆情的静态预警。随着大数据技术普及应用，闭环式、多维度、动态化的预警将有更广阔的发展前景。静态预警是基于低技术阶段所积累的人类经验而设置的指标体系，是在舆情发生后作出被动反应，且主观和人为因素在设计与决策阶段占据了主导地位，存在科学性、客观性不足等问题。相对而言，大数据的信息抓取、积累与分析能力，有助于我们建立更为理想的指标体系模型。设计者可向指标体系输入大量网络舆情案例，让其具备自主学习能力，并根据算法结果实时反馈情况，动态调整指标体系的预警级别。同时，由于大数据搜集的范围更广，我们可将跨平台、跨语言、跨学科的信息加以归纳分析，形成多维度的科学分析体系，从而整合成为覆盖舆情事件发展全过程的闭环式动态预警。[①]

　　构建科学合理的闭环式动态预警指标体系，首要目的是提高网络舆情管理水平。通过这种体系监测分析网络舆情事件所处阶段，继而发出预警信号，管理者就可据此选择合适时机和方法引导舆情，减少负面舆情危害，扩大正面舆论影响。

　　闭环式动态预警不仅能监测单一的网络舆情事件，还可整体反映网络空间的舆情动态，再辅以循环往复的人工智能学习系统，能够更加全面准确地搜集分析舆情，为管理者提供更有指导价值的对策建议。

　　总而言之，指标体系模型是我们利用技术手段监测舆情不可或缺的工具。目前，指标体系的构建在国内已多有尝试，并取得了一定成效，但就其理论体系而言，仍存在着学科背景的隔阂；就其实际运用而言，仍难以摆脱主观因素的干扰。可以预见，充分利用大数据、云计算、人工智能等新一代信息技术，建立闭环式、多维度、动态化的网络舆情监测预警指标体系，必将成为发展趋势和努力方向。

　　思考题：

　　1. 建立网络舆情监测指标体系的关键在于选取正确的指标，以覆盖网络舆情的方方面面。你认为这项工作的难点与重点在哪里？

　　2. 请按照你对网络舆情监测指标体系的理解，尝试列出至少包含三级或以上的指标树状图，并作简要说明。

---

① 贾伟民：《舆情预警的内容与方法》，人民网，2017年7月24日。

第五章 网络舆情的分析研判

关于网络舆情分析研判的内容范围，学界和业界主要有两类观点。一类观点认为，它不包括舆情信息的监测搜集，而是在此基础上的分析研判，是舆情应对工作的重要环节。具体来说，就是运用传播学、社会学、大众心理学、公共管理学等相关学科知识，对监测到的各种信息进行综合分析，准确把握舆情走势，为应对处置提供决策依据。它强调人的因素在舆情分析中的作用。另一类观点则认为，网络舆情分析研判是对网络媒体上舆情的定性与定量给出的一种价值和趋向判断。它包含了舆情的日常监测、持续跟踪搜集，以及对某一突发事件或特定任务进行有针对性的研判。[①]该观点并不特别强调分析研判中技术监测和人工分析哪一项更重要，而是强调过程，包括对总体网络舆情的宏观动态把握和重大敏感舆情的跟踪发现，以及对发现的某一突发事件舆情的分析研判。

当今大数据时代，我们生活在一个可以用数据进行描述的世界。移动互联网的普及应用，更是使人和物的活动轨迹和行为偏好被记录下来。这样一个庞大的数据世界，催生了大数据分析和决策智库体系的建立。目前的数据搜索和监测，可以观察网络舆情的发展路径、强度、热度、广度以及网民意见、态度、情绪和行为特征。这方面内容已在网络舆情监测一章

---

① 程亮：《网络舆情研判机制的内容与流程》，《中国记者》，2010年第2期。

作了详细介绍。因此，本章所讲的网络舆情分析研判，更倾向于针对已被发现的、需要进行处置的某一突发事件网络舆情而言。

网络舆情分析研判是服务舆情处置的，不管采用技术监测还是人工分析，都必须建立一套务实管用的分析研判流程，以期在信息巨量生产、舆情瞬息万变、传播渠道繁杂、内容真假难辨的网络环境中，快速准确、客观真实、科学理性地把握某一舆情事件的性质、关注程度、影响范围和发展态势，提出应对处置建议。

第一节　基本原则

网络舆情的分析研判应当遵循全局性、及时性、准确性三项基本原则，只有努力达到"三性"原则要求，才能提高分析研判的质量和效率。

一、全局性原则

对某一网络舆情事件，由于参与者、相关者和普通网民掌握的信息不同，会有不同的认识和反应，加之各种真假难辨的传言夹杂其间，极易使人产生"盲人摸象"似的片面理解。因此，要在舆情分析研判中避免这种偏颇，就要从更高站位、更大视野来审视舆情，既要深入了解事件真相，又要充分认识各种网络媒介的传播特点，还要深刻把握当地乃至我国经济社会发展中出现的各种深层次矛盾问题。

（一）时间上的全局性

研判舆情事件，要尽可能将舆情生成时间往后推，找到引发舆情的真正原因。只有这样，才能从整体上把握舆情事件的来龙去脉，全面准确研判事件舆情，对事件紧要关节洞若观火。时间上的全局性对于一些形成时间较长的舆情事件的分析研判显得尤为重要。

以主流媒体报道过的广东汕尾陆丰市东海镇乌坎村群体性事件为例：2011年9月21日，乌坎村400多名村民因土地、财务、选举等问题对村干部不满，到陆丰市政府非正常上访，当日下午，部分上访村民在村里及村周边企业聚集，打砸、毁坏公共财物，冲击围困村委会和公安边防派出所；2016年6月17日，该村党支部书记、村委会主任林祖恋因涉嫌利用职权受贿被拘留后，其追随者为了胁迫检察机关释放林祖恋，竟然煽动不少村民游行抗议长达3个多月之久。乌坎事件的根源由来已久，盘根错节，如果不能从该村最初催生舆情的矛盾问题着手分析，就很难厘清事件涉及的宗族、宗教、经济、社会等复杂原因和各自发展脉络，更难对这些因素相互作用、两度引发的群体性事件做全面、科学的分析研判。

（二）空间上的全局性

对舆情事件进行研判，不能仅仅局限于舆情发生地，还要尽可能地将与舆情相关的地区纳入分析范畴，以便从更广阔的视野、更客观的角度分析事件、研判舆情。对于一些涉及范围较广的舆情事件，尤其是涉众型重大敏感事件，分析研判时更需要体现空间上的全局性。

如山东非法疫苗案。自2011年起，在未获取任何药品经营许可的情况下，犯罪嫌疑人庞红卫、孙某（母女）二人通过网上QQ交流群和物流快递，联系国内10余个省（市）的100余名医药公司业务员或疫苗非法经营者，购入防治乙脑、狂犬、流感

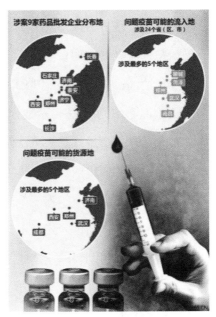

山东非法疫苗案（图片来源：国务院新闻办公室图片库）

143

等病毒的25种人用二类疫苗或生物制品，加价销给全国24个省（区、市）的300余名疫苗非法经营者或少量疾控部门基层站点。该案于2016年3月案发，案值5.7亿元，迅速成为舆论焦点。从审判结果看，山东、湖北、湖南、河南、广西、陕西等18个省（区）共100余人，因相应的非法经营、滥用职权、毁灭伪造证据、贪污、故意泄露国家秘密等5项罪名获刑，其中有国家工作人员60余人。对这类牵涉范围较广的舆情事件，如果不能从空间上的全局性去把握，就很难看清事件脉络和全貌。

（三）人员上的全局性

在舆情事件中，最核心的因素是人。不管是舆情的产生、发展还是消退，都是人的因素在起作用。因此，在舆情分析过程中，只有系统掌握舆情的制造者、推动者和对舆情产生实际影响的参与者在不同阶段的诉求、行动以及力量消长等情况，才能对整个舆情的来龙去脉和发展态势做出客观全面的判断。

如华为孟晚舟事件。2018年12月1日，华为创始人任正非之女、华为首席财务官孟晚舟在加拿大温哥华机场过境时，被加拿大警方应美国司法部的要求逮捕，美国指控她在华为的伊朗业务问题上误导汇丰银行，而实质是美国担心华为5G技术发展太快，便以此勾当打压华为。随后，美国向加拿大要求引渡她。加拿大法院于12月7日举行保释听证会，11日裁决批准孟晚舟的保释申请。同日，中国外交部部长王毅表示，对于任何肆意侵害中国公民正当权益的霸凌行径，中方绝不会坐视不管，将全力维护中国公民合法权利，还世间公道正义。同日，时任美国总统特朗普表示，如果介入孟晚舟案，则有助于达成美中贸易协定，且有利于美国国家安全利益。2019年1月28日，美国司法部正式起诉华为和孟晚舟，并列出23项罪名。翌日，美国正式向加拿大提出引渡孟晚舟的请求。中方敦促加方和美方立即撤销对孟晚舟的逮捕令及正式引渡要求。3月1日，加拿大司法部部长决定就孟晚舟引渡案签发授权进行令。中方对此表示强烈不满和坚决反对，指出孟晚舟案不是一起简单的司法案件，而是针对中国公民、旨在打压中国高技术企业的政治迫害事件。3月3日，孟晚舟对加拿大政府提起民事诉讼。3月6日，加方法院对美方引渡孟晚舟的要求进行听证。9月23日，引渡案再次开庭审理，进入实质性审理阶段。2020年1月20日，加方法院再次就孟晚舟案举行听证会。5月28日，法官宣布判决结果，孟晚舟不能获释。12月10日，法院再度开审此案，加拿大边境局负责人在听证会交叉询问环节，面对孟晚舟的律师步步追问，当庭认错：称他们将孟的一些材料分享给美国联邦调查局（FBI）和加拿大皇家骑警是不恰当的做法。此后，加方法院几次开庭聆讯，至2021年8月18日结束全部审理。法官决定，10月21日举行听证会，商定宣布判决结果的日期。然而，经中国政府不懈努力，孟晚舟最终与美国司法部达成暂缓起诉协议，随后获释，并于当地时间9月24日乘坐中国政府包机离开加拿大，于25日晚抵达深圳宝安机场。至此，被拘押1028天的孟晚舟安然回到祖国。

这起网络舆情事件，表面看是司法交锋，实质上是一场举世瞩目的政治斗争、经贸斗争、外交斗争和舆论斗争，不仅事关孟晚舟的安危，还涉及中国、美国、加拿大三国各自政府、司法机构和公司等，需要从世界变局、国际政治、民族情感、各方利益等维度进行全局性的观察和把握，让舆情回应者能够准确表明这起事件的性质是"完全的政治迫害"。

二、及时性原则

移动自媒体时代，网络舆情的引爆和传播速度超乎想象。如果不能及时做好分析研判和应对处置工作，就很容易被网上舆情牵着鼻子走，从而失去舆情引导主动权，致使舆情进一步激化甚至失控。

舆情事件发生后，一直处在动态发展过程中，对相关舆情的把握必须与时俱进，否则很难做到有效应对。一般而言，事发初期，舆情涉及人员较少、范围较小，信息量还不大，容易了解和把握。因此，在此阶段，要以最快速度全面核查事件真相、相关方主要诉求、舆情博弈现状及发展态势，据此分析研判，形成初步结论。

舆情经过一段时间发酵，进入中期之后，牵涉范围和人员都在扩大，需要及时监测各类传播渠道，全面了解相关各方动态信息，形成新的舆情分析研判报告。此间，不仅需要分析事件发展走向，评估政府、相关部门或涉事单位前一阶段的应对举措是否得当，还要研判主流媒体的报道效果和趋向，指导媒体为舆情处置营造良好舆论环境。

到了事件发展后期，随着处置措施的实施及效果的显现，舆情热度开始下降。此时，要及时分析有关处置效果的舆情反应，研判新的动向，提出下一步应对建议，为最终平息舆情、做好善后工作提供决策参考。

2015年12月20日11时40分许，深圳市光明新区红坳渣土受纳场发生特别重大滑坡事故，造成73人死亡、17人受伤、4人下落不明，33栋建筑物（厂房24栋、宿舍楼3栋、私宅6栋）被损毁、掩埋，90家企业生产受影响，涉及员工4630人。消息瞬间在网上裂变式传播，将深圳推向舆论的风口浪尖。与救援处置行动同步，新闻舆论战迅速打响：13时03分，事发仅一个多小时，相关部门就完成了对事故舆情的初步研判，并在深圳微博发布厅发出首条消息；随后持续跟踪舆情，24小时滚动播报最新情况，始终牵引网民目光；事发当天至25日6天内，救援指挥部召开了10场新闻发布会（事发当天2场，到23日事故72小时黄金救援期内开了7场，几乎半天1场）；28日又举行了综合情况通报会。这一系列主动及时、公开透明的信息发布，回答了失联遇难人数、救援救治情况、事故发生原因、受灾群众安置、遇难者家属安抚等焦点问题，有力主导了媒体报道议程，充分满足了公众知情权和监督权，最大限度挤压了谣言传播空间，牢牢掌握了新

深圳"12·20"滑坡事故现场（图片来源：新华网）

闻舆论主动权、主导权。如，对失联人数毫不回避，多次按照最新核实统计予以变更，虽有增有减，但及时做出理据充分的解释说明，并没有引起媒体和公众的质疑炒作。由于严格遵循了突发事件新闻发布和舆情引导的"黄金两小时"法则，该事故的新闻舆论应对取得了理想的效果。[①]

与此相反，2015年天津港"8·12"火灾爆炸事故发生后，由于没有在"黄金两小时"内利用新媒体发布准确权威信息，且政府首次新闻发布会拖到事发13小时后才举行，导致谣言猜测满天飞，舆情管理一度失控，给事故处置工作带来严重干扰。[②]

事实证明，及时研判、回应舆情，是抑制负面信息传播、主导舆情走向的关键前提。

三、准确性原则

舆情分析研判是为舆情应对提供决策参考的基础性工作，在整个舆情事

---

① 其成功经验可见曾胜泉：《深圳"12·20"滑坡事故新闻舆论应对的实践与启示》，《中国记者》，2016年第9期。

② 曾胜泉：《网络舆情应对技巧》（畅销修订版），广州：广东人民出版社，2017年，第105页。

件处置过程中起着至关重要的作用，务求准确到位，避免误导决策。因此，舆情事件发生后，必须对事件本身信息和舆情动态信息进行真伪甄别，精准研判舆情热度、焦点议题与发展走向，为科学高效处置舆情打好基础。

在网络环境中，由于信息失真而引发的舆情，被称为网络伪舆情或虚假舆情。刘勘等学者认为，网络伪舆情是指在网络这一特定环境下，一些有组织的公司或个体，利用互联网为载体和工具，散布各种虚构或歪曲事实的信息和言论，刺激或误导公众，表现出具有明显倾向性并可能造成强烈负面影响的多种情绪、意愿和态度交错的总和。[①]

在人人都可发声的网络时代，虚假消息的生产速度和数量大幅上升。面对阅读量的压力和快节奏的传播要求，有些官方微博、微信未经求证便转载某些虚假消息，为其加持权威的光环。在自媒体环境中，除了公司化运作的水军评论，伪舆情的生产者呈现个体化趋势，往往是一个人或三五人的小型团队在虚构"剧情"，无中生有，东拼西凑，恶意嫁接，夸大其词，反复翻炒……试图炮制吸引眼球的新闻爆点，煽动网民情绪，甚至将网络谣言包装成"事实真相"，将传闻猜测演绎为"客观存在"，严重影响舆情分析研判的准确性和客观性。

如，2018年5月5日深夜，空姐李明珠在郑州航空港区搭乘滴滴网约车惨遭司机杀害，引发舆情事件，一时间网络传言四起。其中，网上有一段显示空姐生前与司机发生争执的视频，让公众误认为司机不是强奸杀人，而是空姐叫了拼车后不允许司机接其他人，导致司机气愤而杀人。很快，"平安郑州"发布消息称，已对违法传播命案现场视频的郝某等4人依法刑拘。网民也纷纷指出视频中不合逻辑、人为捏造之处，并对这种"消费"逝者生命的不敬行为表示愤慨。

---

① 刘勘、朱怀萍、胡航：《网络伪舆情的特征研究》，《情报杂志》，2011年第11期。

第二节　方法步骤

综观舆情管理部门的实际操作经验和有关专家学者的研究成果，网络舆情事件分析研判的方法步骤主要包括甄别真伪、准确分类、把握趋势等三个方面。

一、甄别真伪

快速识别网络舆情事件中信息的真伪，是确保及时准确分析研判事件舆情的重要环节之一。如何利用网络信息监测技术构建伪舆情识别模型，一直是不少学者的研究课题。如，在网络水军刻意制造的舆情事件中，信息在多个平台重复出现，使用的文本相似度也较高，文本结构逻辑较为单一，现有网络信息监测技术和文本分析技术，已经能够识别其中的一部分伪舆情，但对于一些信息要素齐全或事实歪曲失真的伪舆情，技术识别的功能无法发挥，必须更多地依靠人工识别。信源分析、科学分析、逻辑分析、常识分析，是甄别伪舆情的必要手段，而对于在网上无法辨别真伪的舆情信息，只能在网下调查求证。

随着全社会网络素养的提高，政府机构、媒体、公民等识别网络信息真伪的能力不断增强，使得很多虚假网络舆情得到快速澄清，网上呈现出谣言与真相竞逐的局面。但也有一些单位对谣言的回应语焉不详、错漏频出，甚至关闭跟帖评论功能，让公众产生"掩盖事实"的错觉，致使舆情持续发酵，造成严重后果。因此，充分尊重公众知情权，及时公开调查过程和事实真相，是平息伪舆情的应有态度和有效手段。

虚假舆情及舆情中的虚假信息，都是舆情工作者必须高度警惕的陷阱。如果对此类信息分析研判不准确，就可能造成舆情处置决策失误，甚至引发新的舆情。在公众参与意识越来越强、参与方式越来越多的今天，网络舆情显得更加复杂多变、真伪难辨，只有及时识破虚假舆情，准确制定应对策略，才能更好地促进舆情事件的解决。

如，备受诟病的2015年天津港"8·12"火灾爆炸事故舆情处置，除了首次新闻发布会拖到事发13小时后才举行广受质疑外，前8次发布会均不理想：要么回避问题、答非所问，要么语焉不详、漏洞百出，要么早该亮相表态的领导迟迟不露脸……这些问题的出现，都与舆情分析研判不及时、不准确有关。再如，吃西瓜导致23人感染H7N9病毒死亡、长得好的黄瓜用了生长激素、"中式人妖"在上海衡山路现身等假新闻，都因识破慢、辟谣迟，在短时间内引起广泛关注，造成了一定的社会恐慌。

二、准确分类

对网络舆情进行科学合理的分类，可以增强舆情应对的针对性和实效性。中共中央宣传部舆情信息局按4个标准对网络舆情进行分类：按涉

天津港"8·12"火灾爆炸事故现场（图片来源：中国交通新闻网）

及和影响的领域，分为政治性舆情、经济性舆情、文化性舆情、社会性舆情、复合性舆情；按形成过程，分为自发舆情、自觉舆情；按信息构成，分为事实性舆情、意见性舆情；按传播空间，分为境内舆情、境外舆情。鉴于我国将突发事件分为自然灾害、事故灾难、公共卫生事件和社会安全事件，可相应地将突发事件网络舆情划分为自然灾害舆情、事故灾难舆情、公共卫生舆情和社会安全舆情。

以范冰冰逃税事件舆情为例。这起舆情包含了经济性、社会性、文化性等多种特征。在事发阶段，主要是事实性舆情，范冰冰是否通过阴阳合同逃税成为网络舆论关注的焦点。在事件调查阶段，国家税务总局网站发布通告称，针对近日网上反映有关影视从业人员签订的"阴阳合同"中的涉税问题，税务总局高度重视，已责成江苏等地税务机关依法开展调查核实，如发现违反税收法律法规的行为，将严格依法处理。其后，经过4个月调查，查清范冰冰在电影《大轰炸》剧组拍摄过程中偷逃税款合计730万元。此外，还查出范冰冰及其担任法定代表人的企业少缴税款2.48亿元。范冰冰因此被罚8.84亿元。事件处置结果公布后，网络舆论的关注点又变成了范冰冰为何没有被追究刑事责任等问题。这一阶段，舆情的类型已从事实性演变成意见性。新华网及时对此发表评论，援引《税法》《行政处罚法》《刑法》等相关条款，详析了范冰冰受罚的法律依据和执行程序，从而占领了网络舆论制高点，避免了公众被网上非理性情绪所绑架，促进了事件的依法公正处理。

从这一舆情事件可以看出，在以事实性舆情为主的阶段，舆情应对的主要做法是表明相关部门依法严查的态度，公布调查程序和调查结果。在以意见性舆情为主的阶段，要及时通过权威媒体进行客观理性的分析报道，掌控事件解释权和定义权，避免舆情陷入非理性旋涡。

在日常工作中，应当按照网络舆情的不同类型组建舆情案例数据库，将来一旦突发舆情事件，就可以根据分类找到类似案例作为舆情分析研判的参考。当然，网络舆情类型并不是固化、排他的，有时可以相互转化，如社会性舆情如果处置不当，就可能向政治性舆情演变，因此可根据舆情性质和特征的变化适时调整分类。

三、把握趋势

网络舆情事件的发生发展经历不同阶段，如社会热点舆情一般分为发生期、发酵期、发展期、高潮期、回落期、反馈期等六个阶段。每个阶段又可细分为不同时段，因为不同时段的舆情表征也不尽相同。只有详细了解各个时段的舆情动态，才能全面精准把握舆情事件发展趋势，以发展的眼光做出科学客观的分析研判。

把握舆情事件发展趋势，需要综合研判以下三个因素：

首先要考虑人的因素，即涉事各方的诉求是否能得到满足。因此，舆情处置方应当与涉事各方保持信息畅通、密切沟通，共同解决各方合理诉求。但很多时候，涉事各方往往由于对事件的了解和认识不同而诉求有别、分歧扩大，导致舆情升级，这就需要对他们进行充分有效的解释说明，让相关各方了解真实情况后不再坚持不合理、不合法的诉求。

其次要考量事的因素。舆情的发生、发展，少不了事的因素。有些舆情，就是由于涉事某一方做了某一件事或采取了某一举措，使得舆情升级或回落。因此，在舆情处置过程中，必须及时对意外事件或应对举措所产生的影响进行研判，若产生较好效果就尽量引导放大，反之则努力抑制。但要把准分寸，恰到好处，避免过犹不及，衍生负面舆情。

再次要注意环境的因素，包括时间环境、空间环境、文化环境、社会环境、经济环境、生态环境等。由于舆情事件的性质和特征不同，能对其产生影响的环境也不尽相同，这就要求我们必须根据事件实际情况，分析其所涉环境类型及影响程度，从而做出更加全面客观的判断。

　　一般而言，时间因素的影响是所有舆情事件都不可避免的，因为任何事物的发生发展都有其历史原因，即便是突发事件引发的舆情事件，也必然有其发生的历史背景。无论是历时漫长的汕尾陆丰乌坎事件，还是突然发生的温州动车追尾事故，应对处置都不能忽视其所处的历史阶段。空间因素的影响也不可忽视，因为不同地方发生的同类舆情事件，其舆情走势、影响程度及化解方法都会有所不同。

第三节　因素分析

从大量网络舆情事件的综合分析来看，能够决定舆情走向的因素，主要包括舆情事件的信息传播、事件各方的强弱对比、影响舆情传播的其他相关因素等三个方面。

一、舆情事件的信息传播

舆情事件的信息传播主要包括舆情初始发生地、不同阶段扩散路径、焦点议题是否发生转移等方面。

舆情初始发生地关乎舆情的关注度，如果当地网络活跃度、媒体活跃度、意见领袖活跃度高，事件就极易发酵扩散。如2014年12月31日上海外滩踩踏事故，就因发生时间和地点关注度极高，迅即成为全网关注的重大舆情事件。上海是全国网络活跃度较高的地区，其网络用户、大V及"粉丝"数量众多，且事发地外滩是著名景区，使事故一经发生即传遍全网。另外，事故发生在跨年夜和造成36人死亡、49人受伤，也是引爆舆情的重要因素。但这并不表明偏远地方发生的事件就不会被关注，只要有影响力大的媒体予以报道，就能迅速引发网络舆情，如山东聊城于欢案。

不同阶段的扩散路径也影响着舆情走向。以魏则西事件为例。事发之初，主要在知乎的年轻群体中传播，关注度不高，影响力有限。而在某微信公众号发布《一个死在百度和部队医院之手的年轻人》一文后，事件关注度迅速升高。如果把知乎圈传播视为第一阶段，那么微信上传播就是第二阶段。微信传播打破了年轻人的范围界限，吸引了更多社会群体的关注，并引起各类媒体广泛报道，使魏则西事件的关注度空前提高，舆情议题也从对部队医院科室外包的声讨转向对其背后莆田系民营医疗机构的问责，最终还原了事件的本来面目。

有的网络舆情事件，会随着爆料增多和议题变化而出现波折甚至反转，从而加大了舆情引导难度。这时，客观中立的权威第三方介入发声，更有助于化解各种争论，使意见趋于统一。

二、事件各方的强弱对比

舆情事件的各方是指事件相关人、网民、媒体和政府。各方强弱对比主要包括新相关方的介入、既有相关方的退出、相关各方观点倾向的变化等。

事件相关人就是对事件的发生、发展有着重要影响的人。事发后，相关人的行动、言论无时无刻不在影响着事件，并通过事件辐射到舆情。随着事件的发展，新的相关人可能出现，旧的相关人可能退出或撇清关系；新的言论可能出现，旧的言论可能被证实或推翻。可见，事件相关人的言行是影响舆情走向的第一因素。

网民是网络舆情的主要生成力量和影响对象。作为网络舆情的主体，网民主要分为普通网民、网络搬运工、网络意见领袖和网络推手。

（一）普通网民

网民是网络社会的主体力量，其中绝大多数为普通网民。互联网之于普通网民，主要有三种功能：一是逃避功能，为那些逃避现实的网民带来了纵情空间，提供了发泄平台；二是社交功能，将众多互不相识的人置于同一个空间，结成一个个小群体，达成社交目的；三是获得功能，成为网民获取信息的主要渠道。网络舆情兼具这三种功能，更加凸显纵情的体验，因此网络舆情中的普通网民是感性的个体，容易受到他人情绪的影响，进而聚合成趋向一致的群体情绪表达。

（二）网络搬运工

网络已经成为最重要的信息流通渠道，堪称信息传播枢纽。网络搬运工的作用，一方面体现在对各种未知信息的搬运，如字幕组将其他国家的影视作品翻译后搬入国内，起到了传播者的作用；另一方面体现在对各种信息的过滤，起到了中介的作用。而对普通网民来说，个人的精力是有限的，不可能也不会去穷尽所有的信息，因此网络搬运工就成了传播者与接受者之间的过滤网，而内容过滤会受到搬运工意愿的影响。

（三）网络意见领袖

网络意见领袖是活跃在各类网络传播平台，善于发表个人见解并能对他人施加较大影响的人物（详见本书第二章第三节）。移动互联网时代，海量信息纷繁复杂，令人目不暇接，对信息的筛选过滤、识别推荐和观点引领变得非常重要。普通网民由于信源、视野、专业知识所限，普遍不具备这种引导能力。而网络意见领袖一般在特定领域有着更多的信息资源、更专业的知识储备，因此更容易掌握网络话语权。如果他们的言论客观、中肯、专业，就会对普通网民产生正面引导作用；若其言论偏颇、虚假、随意，甚至为达到个人目的而裹挟舆论、挑起争端，就会对普通网民带来严重负面影响，从而恶化网络舆情环境。

（四）网络推手

网络推手一般是指借助网络媒介进行策划推广，使企业、品牌、事件以及个人等特定对象产生影响力和知名度的人。他们擅长策划作秀、制造轰动，让某件事在短时间内广为人知，让普通企业或个人迅速成名。部分网络推手有着明确的策划原则——"不作恶"，即不做有损国家及人民利益的行为。但也有网络推手为了牟利，突破法律道德底线、捏造事实、恶意炒作，破坏网络舆论秩序，对冲舆情引导效果。

媒体在网络舆情事件中也扮演着重要角色。但其作用是不确定的，既可能正确引导舆情，也可能带偏舆情走向。其中，主流媒体能够起到正向引导网络舆情、有效降低负面影响的积极作用，而自媒体普遍带有商业属性，既可能站在政府立场帮助引导舆情，也可能为了一己之私而造谣传谣、恶化舆情，干扰事件处置工作。

政府作为官方，代表了对网络舆情事件的权威判断。引发舆情的重大敏感事件发生后，政府全程参与处置，需要披露相关信息，回答网民疑问。政府对事件的处置措施和回应发声，直接影响网络舆情的热度和走向；而网络舆情的推力，又会影响政府对事件的处置。因此，政府只有与网民良性互动，才能促进事件稳妥处置，最终平息负面舆情。如国家安全生产监督管理总局通报2011年"7·23"温州动车事故调查进展，得到网民普遍认可，网上批评质疑声音大为减少。

新相关方的介入可能强化或形成某种观点，影响舆情各方力量对比。这种影响可能有助于稳定舆情，也可能促使舆情恶化，让公众对事件的关注度再次上升。如"7·23"温州动车事故发生后，随着政府信息发布力度的加大和发声回应技巧的提高，舆情对事件的各种猜测质疑趋于平和。而药家鑫案中呼吁判处药家鑫死刑的"激情"代理人张显，帮助死者父亲王辉和母亲张平选应对媒体采访，不断在微博上发言表态，呼吁网民声援死者家属。如2011年4月3日张显发布的一条微博写道："药家若无实力，能案发一个半月后才见报，见报后才正式拘捕，5个月后才首次开庭；原定于3月3日开庭，延长到了3月23日，理由是检察院需对二次撞人事故进行调查，但在法庭却轻描淡写地描述，把一个连撞两个行人，交通肇事逃逸案说成是轻微的交通事故。"正是这些没有根据的偏激言论，煽动着网民的非理性情绪，加大了舆情引导难度。

既有相关方的退出可能导致某一声音的减弱，甚至失去市场，影响舆情的走向和公众的判断。如2018年发生的百度血小板吧"爆吧"事件，起因是动漫《工作细胞》和其中角色血小板的大热，使得不良水军借机涌入原本只是用于病友交流的血小板吧，并无端斥责原有用户，导致网上出现大规模声讨动漫"粉丝"的情况。随着百度贴吧官方的介入和封号，这批水军陆续退出，使得对血小板吧原有用户的攻击声音减弱，理性声音占据上风，最终舆情回归理性讨论，结束了动漫"粉丝"和普通网民两个群体的互相攻伐。

相关各方观点倾向的变化也会影响舆情中各方力量的对比，尤其是网络推手和网络意见领袖态度的变化，能够左右其背后众多水军、"粉丝"的态度倾向，进一步改变各方力量对比。

三、影响舆情传播的其他相关因素

影响舆情传播的其他相关因素包括社会环境、公众心理等因素。

社会环境因素和舆情就像水和鱼的关系一样，有什么样的水就能养出什么样的鱼。社会环境包含的因素很多，其中最主要的是经济、社会结构、文化和技术。

经济作为首要因素，一方面影响着不同个体的经济状况，不同个体的经济状况进一步影响了个体的价值观、道德塑造、社会接触、群体聚集以及心理状况；另一方面，不同个体间经济状况的差距也影响着人的情绪和群体认同。经济同时也反映了整个社会的大背景，经济运行状况的好坏，影响着人们对未来、发展、生存等的认知，进一步影响人的选择和行为。若是经济下行压力加大，会导致普通人对社会发展的预期下降，令某些人更关注眼前既得利益，也更容易引发利益冲突。舆情相关各方其实就是各自利益的代表，在涉及经济利益诉求的舆情事件中，各方也更容易发生冲突。此外，一些社会不公正现象的出现，使个体更容易为不理智的心态所左右，而网络的匿名性又为其提供了宣泄通道，因此事件一旦在网上展开讨论，更容易出现不同意见之间的激烈冲突。

社会结构影响着不同个体的立场和态度。目前，我国正在从葫芦形向纺锤形的社会结构变迁，低收入人群和高收入人群成为主要的群体，而中间群体还在形成过程中。群体间的差距使得个体更倾向于站在自己所在群体的观点阵营中，而非站在事实的一方，既得利益者要保护自己的利益，而利益诉求者要将既得利益关系打破，因此反映到舆情中，就分化为两个观点对立的阵营。此外，一部分对自身现状不满的人，往往情绪波动较大，容易产生极端言行。

文化因素构成了舆论环境中个体的价值观和道德认同，而不同价值观和道德认同之间的碰撞，容易产生激烈争论。在我国，相对于发展迅速的经济而言，文化发展尚不充分，暂时无法全面适应经济发展需要，在这种情况下，西方文化更容易进入我国并产生影响，从而使受不同文化影响的个体存在文化认同和自我认知的差异，加大舆情引导难度。

技术对舆情的影响主要是为舆情传播扩散提供了场景。在传统媒体时代，由于个体的传播渠道不畅，舆情更容易发生在同村、同镇的小范围内；而在互联网时代，所有人都被置于一个"鸡犬之声相闻"的地球村，信息的传输速度达到了秒级，舆情的传播空间和集群效应也被无限放大，使得舆情应对处置更为艰难。

公众心理因素中，群体认同心理对舆情生成发展影响较大。社会心理学的研究表明，人们对自我的认知中，包含了"个体我""关系我""集体我"三类，其中"集体我"反映了个人在社会群体中的成员资格。一个社会化的个体，总是自我归类于一个以上的群体。在舆情博弈中，哪怕是一个简单的"贴标签"式的群体归类，都会导致很多个体将群体之间的差异性和群体内部的相似性夸大，因而既可能强化个体对自己所归属群体的认同和声援，又会促成对别的群体的偏见、歧视乃至仇恨。

此外，群体极化容易造成意见冲突。群体极化现象是指"团体成员一开始即有某些偏向，在讨论后，人们朝偏向的方向继续移动，最后形成极端的观点"①。群体极化带来的影响是复杂的，既可能是正面的，促成某个有利于公众利益的事件的成功处置，也可能是负面的，引发群体性网上暴力，甚至发展为线下攻击。

网络的匿名性也刺激了个体在群体中的放纵欲望。处于群体中的个体，更容易将自己从独立的个体转化为无意识的群体中的一员，容易跟随其他成员的意见和行动，也会在潜意识中认为责任共担，从而放松了法律和道德约束，如网上肆无忌惮的围攻谩骂、人肉搜索、黑客攻击、病毒传播等行为，呈现出一定的暴力色彩。

同时，当群体利益遭受侵害时，个体的小的负面情绪有可能受群体不良情绪的感染而不断累积放大，最终导致群情激愤、群体失序，使原本不大的事情升极扩大，造成严重社会影响。

---

① 嵇美云、田大宪：《群体性突发事件的网络舆情预警与应对——基于社会心理学的视角》，《浙江传媒学院学报》，2011年第5期。

第四节　案例观察

本节以2011年"7·23"温州动车事故为例，生动直观地呈现网络舆情生成演变全过程，以期更好地掌握网络舆情分析研判的方法技巧。

一、事故概述

2011年7月23日20时30分05秒，在高铁甬温线浙江省温州市境内，由北京南站开往福州站的D301次列车与由杭州站开往福州南站的D3115次列车发生追尾事故，造成6节车厢脱轨，40人死亡、172人受伤，中断行车32小时35分，直接经济损失19371.65万元。

"7·23"温州动车追尾事故示意图（图片来源：新华网）

7月28日，国务院总理温家宝抵达温州，看望慰问遇难者家属，实地查看事故现场，并举行中外记者会。8月10日，国务院常务会议决定，调整、充实国务院"7·23"温州动车事故调查组和专家组。12月28日，调查结果公布："7·23"温州动车事故是一起因列控中心设备存在严重设计缺陷、上道使用审查把关不严、雷击导致设备故障后应急处置不力等因素造成的责任事故；抢险救援初期，铁道部和上海铁路局处置不当、信息发布不及时、对舆情回应不准确，在社会上造成了不良影响。

时任铁道部部长刘志军、副总工程师兼运输局局长张曙光等54名事故责任人受到严肃处理。

二、事故舆情演变分析

从7月23日至30日，温州动车事故舆情演变主要分为三个阶段：

（一）舆情爆发期：7月23日至24日

舆情主体以政府相关部门和网民为主，主流媒体导向性声音缺失。由于政府部门对舆情预警等级判断失误，在信息公开、新闻发布会召开等方面存在严重问题，未能依法充分满足公众知情权，导致网民产生对立情绪，迅速点燃舆情。同时，知名大V童大焕在微博发出"我们正在为追求过快的发展速度付出代价""中国哟，请你慢些走"等声音，影响了媒体报道基调，也吸引更多网民关注，使舆情进一步升级。

（二）舆情发展期：7月25日至28日

主流媒体纷纷发声，其中评论占主导地位。媒体言论态度基本站在网民一方，加大了问责涉事部门和负责人、要求公开事件真相的舆情呼声。同时，因铁道部新闻发言人王勇平答记者问失误而衍生的"高铁体"一词在网络流行，成为讽刺职能部门、影响舆情走向的重要因素，助长了网上一边倒的问责和质疑声，使政府公信力大为降低。而相对于网民、主流媒体力量的不断增强，28日以前政府职能部门对事故的发声极为有限，直到28日国务院总理温家宝抵达事故现场，并召开记者会，政府的回应才在一定程度上为网民所接受。

（三）舆情衰退期：7月29日至30日

随着7月29日铁道部以答新华社记者问的形式，首次公开回应网民一直高度关注的各种问题，网上质疑声音开始消退，舆情逐渐平稳。同时，7月29日是遇难者"头七"，新议题的出现也在一定程度上转移了网民视线，网上讨论由质疑批评职能部门逐渐转入哀悼死难者，并就"如何避免类似事故再次发生"建言献策。

三、事故舆情特点总结

"7·23"温州动车事故的舆情呈现出规模大、微博是舆情主战场、舆情倾向一边倒、议题层出不穷等特点。

第一，根据《2011年中国互联网舆情分析报告》，"7·23"温州动车事故在各大社交平台的合计发帖量、讨论量达到967.6万次，其中新浪微博282.35万次，腾讯微博684.2万次，位居2011年度全国网络热点事件之首，比第二位的佛山小悦悦事件高出近200万次。在7月23日当天，微博数量达到20万条，24日和25日都接近百万条，舆情紧跟事件爆发，没有缓冲期，且热度迅速攀升。同时，事发之初，职能部门在新闻发布、舆情应对方面频频失误，主流媒体缺乏权威声音，使得舆情迅速向负面发展，猜测和质疑充斥网络，为谣言和声讨提供了生存环境。

第二，通过梳理7月23日至30日舆情走向可以看出，"7·23"温州动车事故的舆情呈现出一边倒趋势，网民对事故的质疑和诘责、对政府的不信任、对事故处理的不满成为舆情基调，而主流媒体发声后，也强化了这些质疑；政府对事件调查公开不及时、不透明，对网民关心的问题遮遮掩掩，新闻发言人对事故严重程度认识不足，事故引发的对贪腐问题的质疑等，都导致政府公信力下降和声音微弱。

第三，伴随事故处理进程，舆情议题不断变换：7月23日集中在事故本身，24日集中在对救援不力和新闻发言人回应不当的声讨，25日集中在事故问责，27日集中在推崇国外高铁、对国内外事故处理做对比，28日集中在温家宝总理到现场指挥，29日集中在事故赔偿金额和"头七"悼念……短短7天内，多个焦点议题相继引发热议，拉长了舆情高热时间，加大了舆情处置难度。

上述案例分析表明，重大突发事件发生后，应及时排查舆情风险点，形成研判报告，上报涉事部门，助其采取针对性强的化解措施，防止相关舆情发酵变异，产生恶劣影响。

思考题：

1．试选舆情分析研判的某一项原则，运用实际案例对其进行分析解读，符合或背离该原则的案例均可。

2．试选一具体舆情案例，按照甄别真伪、准确分类、把握趋势等基本流程，对案例涉及的舆情分析研判过程进行归纳总结。

3．在一起舆情事件中，影响舆情走向的主要因素有哪些？请简要叙述。

4．请根据本节知识，就影响"7·23"温州动车事故舆情走向的某一因素进行详细分析。

第六章 网络舆情的分级预警

网络舆情的分级预警，就是根据舆情性质、影响程度、涉及范围等因素，将监测捕捉到的某一事件的舆情信息划分为不同的预警等级，为分级响应和科学应对提供决策依据。

第一节 判定预警等级

舆情预警在网络舆情事件处置中发挥探路者、指示灯的作用，关系到对舆情事件的性质判定、处置决策和资源配置。而预警等级的判定，则是舆情预警的核心，影响着舆情应对的支撑条件评估，有助于相关部门合理调配人力、物力，避免小题大做或大题小做。但现实情况是，互联网信息技术日新月异，网络传播媒介复杂多样，舆情生成演化瞬息万变，预警等级判定变得越发困难。

一、预警等级判定难点

网络出现以前，舆情的范围总是受限于一定的地域空间，除了少数的舆情事件蔓延至全国，大多数舆情的扩散范围都与扩散主体的活动范围相关。但网络出现后，作为舆情扩散主体的民众，其活动空间被无限延展，人与人之间的交往也打破地域限制，为大范围传播舆情事件提供了便利。

根据美国社会心理学家斯坦利·米尔格拉姆的六度分隔理论，两个陌生人要认识彼此最多只需要通过6个人，该理论在网络空间得到了充分印证。这意味着，一个和舆情事件毫无关联的个体，可以通过多次传播了解事件并参与其中，从而为事件在全网扩散推波助澜。

2011年10月13日，两岁女童小悦悦在广东省佛山市南海区大沥镇黄岐广佛五金城被两车相继碾压，7分钟内，18名路人经过，但都"视而不见"，最后，一名拾荒阿姨上前施以援手。小悦悦事件在网上网下的扩散形成截然不同的两个侧面：10月23日，广东佛山280名市民聚集在事发地点悼念小悦悦，宣誓"不做冷漠佛山人"，对事件的表达较为克制；但在网上，却引发了全国各地网民关于人性自私的讨论热潮，并关联此前多个类似事件，完全超出了事件本身，充分体现了网络舆情事件的延展性。

佛山市民在事发地点悼念小悦悦（图片来源：《羊城晚报》）

网络传播的匿名性、碎片化又为舆情事件增添了许多不稳定、不确定因素。在缺乏面对面交流的网络空间，人们对舆情事件主体所表达的信念、态度、意见和情绪等的判断，只能来自于文字、图片、音频和视频，其真实性备受质疑，但又吸引众多网民参与其中。因此，事实一旦被篡改，网络舆情事件造成的后果就远比现实中的舆情事件严重。

同时，现有网络舆情监测分析系统也无法充分满足网络舆情事件的预警需求。网络舆情的分析预警是一个融汇计算机网络、人工智能、数据挖掘、自然语言处理等多学科知识的前沿领域，涉及网络舆情信息采集、分析、处理、分类、监测和预警的全过程。[1]近年来，国内外陆续开发了方正、Review See等舆情系统，它们各有优势，有的在舆情采集阶段使用自动搜索技术，有的在舆情分析阶段综合使用文本挖掘、自动摘要、主题聚类等技术。但总体上看，现有技术尚未能真正实现智能化、科学化的舆情预警等级判定。更何况，网络舆情事件日趋复杂多样，舆情预警方法也要适时更新调整。

二、预警等级设计探索

在网络舆情预警等级和指标设计方面，国内已有不少专家、学者在研究中取得了重要成果。

王铁套、王国营、陈越依据模糊综合评价法构建了网络舆情预警模型。[2]他们设计了突发事件指标、舆情网民指标、舆情媒体指标、舆情态势指标4个一级指标。在此之下，突发事件指标细分出事件性质、事中作用度、事后影响度、事件危害度4个二级指标；舆情网民指标细分出网民

---

① 董坚峰：《基于Web挖掘的突发事件网络舆情预警研究》，《现代情报》，2014年第2期。
② 王铁套、王国营、陈越：《基于模糊综合评价法的网络舆情预警模型》，《情报杂志》，2012年第6期。

聚集度、网民活跃度、网民情感度、网民分歧度4个二级指标；舆情媒体指标细分出媒体权威度、媒体可信度、传播速度、传播阶段四个二级指标；舆情态势指标细分出热度、倾向度、关注度、发展度四个二级指标。在此基础上，通过混合赋权法，确定16个二级指标的权重，选择合适的模糊算子算出指标体系中各舆情因素的数值化评价值，最终得到网络舆情的预警等级——蓝色预警（Ⅳ级）、黄色预警（Ⅲ级）、橙色预警（Ⅱ级）、红色预警（Ⅰ级）。

董坚峰将Web挖掘技术应用于网络舆情预警。Web挖掘是数据挖掘在Web上的应用，它综合使用数据挖掘、机器学习、自然语言处理和人工智能等智能化信息处理技术，从Web的资源（Web文档）和行为（Web服务）中自动发现并提取人们感兴趣的、有用的模式和隐含的信息。[①]董坚峰认为，Web挖掘的优势是可以得到指定时段内网络舆情的状况、走向以及与之关联的热点问题，能够对网络舆情状况进行深层次的挖掘。为此，他将网络舆情预警流程分为舆情主题规划、舆情信息采集、舆情信息预处理、舆情信息分析、舆情危机预警处理等五个阶段，通过网络爬虫技术从各门户网站、论坛、社交媒体中抓取最新动态，并通过人工设置关键词的方式从网上搜集监测对象的信息，然后经过系统解析进入网络舆情信息库，通过Web数据流挖掘和Web语义挖掘进行处理，最后进行舆情信息内容分析和舆情趋势演化分析，从敏感信息监控、不良信息监控、倾向性分析、话题检测、突发事件分析、文本语义分类、舆情趋势预测、舆情波动性分析等多个角度得出网络舆情预警分析报告。

王雪猛、王玉平则以情感倾向分析作为切入点，建构了网络舆情事件

---

① 董坚峰：《基于Web挖掘的突发事件网络舆情预警研究》，《现代情报》，2014年第2期。

预警模型。情感倾向分析就是搜集、整理、分析网民在网上表达的个人情感，预测其行为趋势。个人情感在网上表达和宣泄会影响其他人的情绪和表达，通过层层扩散方式，最后某个人、某个群体的意见和情绪可能会扩散成为具有一定影响力的声音。[①]该模型基于定性分析，通过搜集网民发表的言论，提取其中包含的情感色彩，按其浓烈程度进行预警等级划分。而在情感色彩的立场方面，他们一反传统的赞成、中立、反对的三级划分，采用了赞成、偏赞成、中立、偏反对、反对五个层级。

此外，还有不少学者对网络舆情预警指标体系构建进行了研究。如，吴绍忠等人分析影响网络舆情的因素，构建了包括舆情、舆情传播、舆情受众3大类11个指标的舆情预警指标体系；戴媛等人对网络舆情信息挖掘的渠道、环节、内容和方式提出了新的想法，建立的指标体系能够量化评价舆情发展态势；钱爱兵设计出主题关注度分析、热点分析、焦点分析、拐点分析、重点分析；曾润喜利用层次分析法构建了警源、警兆、警情三类因素和现象的网络舆情突发事件预警指标体系；谈国新等人利用信息空间模型提出的网络舆情监测预警指标体系，可以展现舆情的分布、来源、传播渠道以及舆情内容的性质和受众的反应，但没有舆情发展趋势指标。

综上可见，只有建立因应网络舆情事件各种因素的预警指标体系，才能确保预警等级判定的科学性和准确性。

三、预警指标建立原则

网络舆情预警指标体系是一套综合多种因素、较为复杂的判定系统。基于大量网络舆情事件的分析，结合有关学者的研究成果，本书从先定性

---

① 王雪猛、王玉平：《基于情感倾向分析的突发事件网络舆情预警研究》，《西南科技大学学报》（哲学社会科学版），2016年第1期。

后定量的角度总结出网络舆情预警指标建立的五项原则：

科学性原则。方法的确定应该基于一定的科学依据和理论原则，符合网络舆情生成演变规律，尽量摈除个人的主观臆断。

系统性原则。指标体系不是零散的几个符号，要能够涵盖一个网络舆情事件的方方面面，从施动主体到媒介再到受众。

准确性原则。预警指标中的量化指标需要建立在网络舆情相关数据资料的基础上，错误或片面的数据都会破坏预警结果的准确性。

定性与定量相结合原则。定性是对舆情事件性质的判断，定量是对舆情事件各方面影响程度的确定，两者不可偏废。专注于定性的指标体系容易忽略舆情事件发展程度，难以准确判断预警级别；专注于定量的指标体系则容易导致只见树木不见森林，缺乏对整体局势的把握。

持续性原则。网络舆情事件产生后往往呈现出急速发展、起伏波动的状态，预警等级判定必然是一个动态变化的过程。因此，判定指标应兼具稳定性和持续性，能在一定时间内适应动态预警的需要。

第二节　三元预警方法

　　网络舆情事件的传受主体通常分为传播内容、传播媒介、传者和受者。但在网络空间中，传受双方的界限已经模糊，他们有时是传者，有时是受者，实质上都是内容的传输端头，因此可视为一个主体。将这三个主体对应到网络舆情事件中，就是舆情事件、舆情载体和舆情参与者。网络舆情事件预警指标可从这三元主体的综合考察中去寻找。

　　舆情事件指的是最初引发舆情的事件本身，如温州动车追尾事故中的事故、山东于欢案中的案情、四川泸县事件中的学生死亡等，构成了整个舆情的中心和焦点。确定舆情事件本身的预警指标，应着重考察事件性质、涉事主体、涉事权力部门、事件起因、事件发展阶段和事件未来走向。需要说明的是，由于网络舆情传播突破了事发地的地域局限性，应在全网范围内监测各地网民对事件的反应；同时，随着网民对公权力的关注度越来越高，涉事权力部门对事件的处置成了重要的考察指标。

　　舆情载体是舆情事件及其参与主体的言论集散地和传播渠道。由于网络的互联互通，在某一媒介上生成的舆情事件，极易引起其他媒介的竞相传播，迅速扩大知晓范围。对于舆情载体的考察指标，主要针对载体的广度和舆情传播量，即舆情最初在哪个媒介上传播，在预警阶段已经扩散到了哪些媒体平台，有多少自媒体、社交媒体和个人发表信息，有多少主流媒体发声等。

　　舆情参与者的指标主要有参与者人数和变化趋势、参与者态度倾向和变化趋势、参与者行为倾向、意见领袖参与度、官方回应等。根据美国社会学家保罗·拉扎斯菲尔德的两级传播理论，信息传播往往经历了信源—意见领袖—大众的传播过程，其中意见领袖作为第一手信息的获得者，其态度倾向影响了大众的态度和行为倾向。在舆情传播中也是如此，少数掌握第一手信息、拥有大量"粉丝"的意见领袖，对舆情走向起着重要推动作用。因此，对舆情参与者的考察，必须重视意见领袖的角色。

通过对以上三元主体的分析和整合，我们可以将网络舆情事件预警等级的判定指标归纳如下：

舆情事件指标包括事件性质、涉事主体、涉事权力部门、事件起因、事件发展阶段、事件未来走向。

舆情载体指标包括事件扩散面、信息发布累计量、信息发布变化趋势、自媒体个人信息占比、主流媒体信息量。

舆情参与者指标包括参与者人数、人数变化趋势、参与者态度倾向、态度倾向变化趋势、参与者行为倾向、意见领袖参与度、官方回应。

而对于不同指标的权重赋值，我们更倾向于采用较为客观、可信的德尔菲法。通过反复收集、分析舆情各方代表一定数量的意见，确定不同指标的权重，从而将舆情分为Ⅴ级（低）、Ⅳ级（中低）、Ⅲ级（中）、Ⅱ级（中高）、Ⅰ级（高）。

以魏则西事件为例。魏则西是西安电子科技大学计算机系学生，因身患滑膜肉瘤，四处求医，不见好转。后来，通过百度搜索发现，武警北京总队第二医院宣称，该院推出的"DC-CIK生物免疫疗法"能够治愈此病。魏则西信以为真，立即前往该院，先后4次治疗，但仍于2016年4月12日病逝，终年22岁。

4月12日当天，魏则西的父亲登陆魏则西的知乎账号，向网友告知魏则西去世消息。这一阶段，对事件的讨论主要在知乎上，尚不足以引爆舆情。但在"五一"假期，一篇题为《一个死在百度和部队医院之手的年轻人》的微信公众号文章，把武警北京总队第二医院和百度推向舆论的风口浪尖，这是点燃舆情的导火线。舆情爆发于魏则西离世半个多月后，潜伏期较长。5月，各种媒体持续跟进报道，内容多为批评涉事医院和百度竞价排名，部分报道把矛头指向"莆田系"民营医疗机构。这些报道在各传播平台尤其是微博、微信上持续发酵，最终酿成全网关注的重大舆情事件。5月9日晚，国家互联网信息办公室、国家工商行政管理总局、国家卫生和计划生育委员会联合成立的调查组公布调查结果，对百度提出多项整改要求；百度CEO李彦宏也发出内部信，提醒百度人"勿忘初心，不负梦想"。[①]5月中下旬，随着雷洋事件的发酵（雷洋涉嫌嫖娼被北京昌平警方执法不当致死），魏则西事件舆情快速回落。

对本次舆情事件，按照三元主体的舆情预警方法，可做如下分析：

就舆情事件本身而言，魏则西之死具有较高的社会关注度。事件性质属于恶性负面，容易引起社会关注；涉事主体之一为大学生，且其最终结果为死亡，容易引起社会同情；涉事单位为部队医院、百度公司等，其背景和地位特殊，容易成为舆论焦点；事件肇始于百度搜索，而这种信息查询服务，几乎与每个网民的切身利益相关，极易引发共同关注。

就舆情载体而言，事件发酵于网络新媒体平台，传统媒体、其他机构媒体和自媒体都有介入，但大规模集中传播发生在微信朋友圈。与微博、知乎等开放式的社交媒体相比，熟人社交的微信朋友圈更容易因彼此信任造成信息传播扩散和误读误传，且辟谣成本更高。正是上述这篇微信公众号文章在朋友圈的裂变式传播，推动舆情迅速升温。

就舆情参与者而言，根据数据统计，2016年5月3日，事件的网络关注度和媒体关注度均达到峰值，随后逐渐回落。尽管事件在网上掀起舆情巨浪，但最终没有酿成网下群体行动。究其原因，关键是主流媒体的及时监督批评和官方的迅速公正处置有效缓解了网民情绪。

---

① 源清智库：《"魏则西事件"舆情分析》，《经济导刊》，2016年第7期。

综上，基于三元主体的作用，本次舆情事件发生后，因事件本身所具有的特点逐渐引发关注，后经微信朋友圈等载体的传播迅速引爆舆情，最终在主流媒体介入和官方及时妥善处置下没有造成特别严重的社会后果。

但从舆情预警的时效来看，此事暴露出舆情发现能力和"弱信号"捕捉能力的不足。因为魏则西事件舆情肇始于其父在知乎发布其死讯，爆发于微信公众号刊登揭露性文章，前后时间相差半个多月，舆情潜伏期较长。如果涉事相关主体能够在知乎讨论此事之初，及时监测发现并预判该舆情很可能逐渐升温，从而积极采取处置和回应措施，也许就能将舆情风险化解在萌芽阶段，而不致于扩大事态，促使国家有关部门介入查处。

思考题：

1. 本节介绍了几种舆情预警指标体系模型？请简要概括其特点。

2. 在本节介绍的舆情预警指标体系模型中，你更倾向于哪种模型的应用？试举例说明理由。

第七章 网络舆情的应对处置

网络舆情的应对处置，必须把握好时度效，为平息负面舆情、促进事件处置提供最大程度的舆论支持，这是舆情应对的基本原则和目标追求。为确保网络舆情事件应急处置有章可循、有条不紊，做到快速反应、稳妥处置，需要建立一套行之有效的工作流程。

第一节 把握好时度效

网络舆情事件具有传播速度快、裹挟人群广、发声主体多等特点，如果应对处置一着不慎，就可能满盘皆输，演变为更加棘手的舆情危机。因此，舆情应对必须体现时度效要求，抓住时机、把握节奏、讲究策略，努力实现应对处置效果最大化。

一、把握"时"

时，就是时机、节奏。精准把握时机、节奏，是做好网络舆情应对的首要前提。网络舆情事件发生后，只有及时准确发布权威信息，公开透明回应社会关切，才能有效挤压谣传空间，正确牵引舆情走向，赢得网民信任支持，为稳妥处置事件营造良好的网络舆论环境。

时效决定实效，速度赢得先机。准确权威信息的迅速播报，是应对网络舆情的金科玉律，这不仅能让急欲了解真相的网民吃"定心丸"，也可给别有用心的造谣传谣者"致命一击"。选择合适的网络平台、传播手段，第一时间发布准确权威信息，抢占第一信源和第一解释权，确保先声夺人、首发定调、赢得主动，防止虚假、歪曲的信息扰乱人心，对于重大灾难事故的舆情应对至关重要。

2008年"5·12"汶川大地震所造成的悲恸创伤，至今仍镌刻在国人心中。其时，深度介入我们日常生活的微博、微信等社交媒体尚未面世，报纸、电视等传统媒体仍牢牢掌握着话语权，网络媒介则主要由各类网站、论坛组成，传播力相对较弱。

今日看来，在当时如此"低效传播"的传统媒体环境下，舆情应对恐怕捉襟见肘、手足无措。然而，让人意外的是，清华大学媒介调查实验室《救灾报道满意度调研报告》显示，93%的受访者对汶川地震的新闻报道表示"非常满意"和"满意"，仅7%的受访者表示一般或不清楚，没有受访者表示"不满意"。[①]

事实上，政府部门在汶川地震新闻报道中的信息透明度之高，可谓前所未有。有学者总结，此次信息公开首要的，就是政府第一时间通过新闻媒体向社会通报了地震、余震、人员伤亡、财产损失、救援进展、灾民安置、救灾物资、款项使用等情况，用权威信息占领舆论制高点，不给谣言留下任何传播空间。

作为权威信源的主要落脚地，地震发生翌日，即5月13日，《人民日报》抗震救灾新闻版面占了总版数的40%，14日为60%，15日为80%。[②]

---

① 雷跃捷、高永亮：《从汶川地震的舆论引导看如何改进常规性新闻报道》，《中国广播电视学刊》，2009年第1期。

② 刘振生：《使命·感动·敬意——四川汶川大地震中央媒体报道纪实》，《新闻与写作》，2008年第6期。

中央人民广播电台中国之声等央媒电台则并机直播，24小时不间断播放动态信息和特别节目。

生死一线，争分夺秒，每一刻都可能发生余震，每一刻都有奇迹发生，汶川抗震救灾的每一条消息都牵动着全国上下的目光。因此，24小时不间断播报新闻，不仅能掌控舆论基调和舆情走向，也能缓解乃至消弭网民的焦灼不安情绪。

那么，怎样的舆情应对时限才算是分秒必争的第一时间？在移动直播时代，网络传播速度大幅提升，对突发事件的信息发布与舆情引导务必在两小时内响应。因为突发事件从发生到网上传播扩散、形成舆情指向，所需时间为1—2小时，这是危机处理和舆情引导的最佳时机。一旦错过，当某种舆情信息或舆论观点传遍网络、深入人心时，再想改变就难了。因此，突发事件信息发布只有以两小时为限，才有可能抢占信息传播第一落点，影响受众对事件的第一印象和基本判断，赢得舆论引导主动权。[①]

在2020年新冠肺炎疫情暴发初期，广东汕头"封城"事件的处置便是地方政府把握舆情应对时机的成功案例。1月26日10时30分许，汕头市新冠肺炎疫情防控指挥部发布通告称：自1月26日14时起，汕头全市营运客车、城市公交、出租车（巡游、网约）、顺风车、轮渡暂停营运；自1月27日0时起，禁止车辆、船只、人员进入汕头市，市域各区县间通道关闭。这一"封城"通告在网上犹如"一石激起千层浪"，引起广大市民恐慌。据媒体报道，短短两小时内，当地很多超市蔬菜、大米告急，"原本50元/袋的大米，临时涨到100元/袋"。周边城市的市民也产生联想。一时间，网民热议，舆情汹涌。汕头市政府迅速回应，当天中午13时许便果

---

① 曾胜泉：《网络舆情应对技巧》（修订版），广州：广东人民出版社，2017年，第99页。

断收回通告，称将加强对流动人员的疫情监测和防控，但不会限制车辆、船只、人员、物资的进出。从通告"封城"到宣布取消，只用了两个多小时。这一实事求是、勇于纠偏的"朝令午改"，起到了及时止慌、稳定人心的理想效果，当地物价应声回落，网络舆情随之平息。

石家庄市则因疫情发布迟缓，引发市民恐慌和质疑。2021年1月2日至4日，该市累计确诊病例14例，无症状感染者40例，但在疫情通报中并未提及病例所在地区及防控措施，造成各种猜测甚至谣言在市民间流传。《新华每日电讯》为此发表评论，呼吁当地尽快召开疫情发布会。1月5日晚22时，石家庄市终于举行新闻发布会，公布了确诊人员所在地区、活动轨迹和防控举措，消除了民众的疑虑和不安。

随着网络信息传播日益便捷，对舆情应对的时效要求也越来越高。从以往的"黄金24小时"到"黄金4小时"，再到如今的"黄金2小时"内争分夺秒，我们可以看到，舆情应对的时限事实上正在逐步成为无分间隔、24小时滚动的即时播报。特别是危害社会稳定的网络谣言，一旦发现，必须立即打击澄清，容不得"让子弹飞一会儿"。

但网络舆情事件的传播往往涉及多部门、多渠道，在把握"时"原则的"快"之余，单一信源的权威发布已不能充分满足网民的信息需求，因此"快而全"的主动即时播报应成为舆情应对的努力方向。

2018年9月15日，超强台风"山竹"肆虐菲律宾后于16日登陆广东，席卷粤、桂、琼、湘、黔五省（区），造成近300万人受灾、多人死亡。"山竹"来势汹汹，但在应急部门统一指挥下，五省区积极预防，采取主动措施，最大限度地减少了各类损失。在此过程中，我们更多看到的是，政府多个部门协同发布各类信息的高效性、完整性。

如，广东省防汛防旱防风总指挥部在9月14日启动防风Ⅱ级应急响应；15日18时提升至Ⅰ级，全省各部门联合行动，采取了一系列防御措

台风"山竹"过境（图片来源：深圳新闻网）

施；16日发布通知，全省所有学校停课，深圳、广州、中山、江门、阳江等市全面实行"四停"（停工、停业、停市、停课），高速封路、高铁停运、航班取消；9月17日，国家减灾委员会、应急管理部针对广东灾情紧急启动国家Ⅳ级救灾应急响应……如上应急举措，均即时通过网络平台广泛播报，不仅体现了从国家到省市"预防在先"的治理行动，也彰显了移动互联网时代政府部门应急处突的时效性把控水平。

二、把握"度"

度，就是力度、分寸。网络舆情回应要审时度势、顺势而为，因事制宜、因时制宜，精准研判舆情传播范围、议题和热度，恰如其分地掌握舆情引导的密度和尺度，既不过度发声，也不让舆情烂尾。什么舆情适宜在什么范围内、什么受众中、什么平台上回应，什么舆情需要强化或淡化回应，什么舆情有待观察或不用回应，都要认真斟酌，稳妥把握。

但在舆情应对实践中，经常会出现这些情况：有的舆情事件本来是个别偶发事件，却因长时间、高密度回应，使人误以为兹事体大，予以持续关注，无谓地拉长了舆情周期；有的舆情已经高热，需要及时引导，但迟迟不见权威声音，因而引发猜疑、助长谣言；有的舆情刚刚出现，后续发展尚待观察，就来个抢先回应，最终却因舆情反转而造成被动；有的舆情热议的问题，本来是党和政府着力解决的，回应却闪烁其词，让人怀疑好像在包庇或掩盖什么……可见，把握好舆情引导的"度"，并非易事，需要具备较高的思想政治素质、科学判断能力和专业技能水平。

在"人人都有麦克风"的移动互联网时代，活跃于网络舆论场的自媒体高度关注社会热点事件和负面敏感问题，发言罔顾事实、随心所欲、无度无序乃至谋利变现的乱象比比皆是，对网络舆情引导造成严重干扰。如，2018年7月长春长生集团问题疫苗事件在社交媒体上炸开了锅，微信朋友圈充斥情绪化言论，出现了《对于疫苗造假者，支持判死刑的请投票》等网文，早已脆弱不堪的网民神经进一步被刺痛，加之网上谣言四起，导致恐慌、愤怒、怀疑、悲哀等消极心理弥漫网民心头。部分自媒体"趁火打劫"，在文章下方精选了大量情绪激烈的言辞作为"上墙"留言，诸如"简直是杀人""灭三族都解不了百姓之恨"等过激言论，助推了网民的极端情绪。此类网络暴力于事无补，却是现实暴力的延伸。[①]

面对此类毫无节制、激化舆情的言论，作为管理者和回应者，首先要加强自律，成为真相的捍卫者和传播者，守好网络舆论安全防线；其次，要与网络平台紧密联动，迅速针对捏造、煽动、攻击类信息进行技术屏

---

① 李艳玲、崔建芳：《自媒体"情绪刷屏"现象的缘由及治理——以"疫苗造假事件"为例》，《传媒》，2018年第19期。

蔽，规范传播秩序，严选网民留言，不让社会心理走偏，避免虚假信息和情绪化表达恣意蔓延；最后，管理者还要根据舆情性质和态势作出因势利导的恰当回应，正确引导事件舆情走向。

2018年11月21日，意大利奢侈品品牌杜嘉班纳（D&G）原计划在上海举办品牌大秀，却在品牌走秀前被曝出其设计师在社交软件Instagram平台上发布涉嫌辱华的言论，引发全国网友抗议。众明星纷纷发声抵制"辱华"品牌秀，品牌代言人王俊凯和迪丽热巴愤然宣布解约，主流电商下架相关产品。D&G紧急宣布取消当晚的上海大秀。23日，D&G发布道歉视频，舆情渐趋平息。

此事源于11月17日D&G官方微博及其Instagram、脸书官方账号上发布的为21日上海大秀预热的广告片《起筷吃饭》。该片把我国饮食文化的标志筷子与意大利经典饮食披萨相结合，将"筷子"比作"小棍子形状"餐具，"玛格丽特披萨"则被誉为"伟大"食品，并聘请一位中国籍模特进行演绎。该广告中的国人形象和传统文化都疑被D&G刻意丑化，情节涉嫌恶意歧视，引发中国网友不满。21日，一位中国网友在Instagram上讨论这则广告是否涉嫌种族歧视时，D&G设计师Stefano Gabbana前来争辩，公然发表辱华言论，称中国人"傲慢""愚蠢""是一坨大便"，瞬间引爆舆情。众多网友口诛笔伐，在网上掀起潮水般的指责与谩骂，还有部分网友恶搞其品牌形象，以极具煽动性的图文误导网络舆论，大有激化对立情绪之势。

面对这起关涉民族大义、民族自尊的网络舆情事件，仅仅抢发动态信息，而不表明立场态度，势必难以引导舆论、平复网民情绪。问题在于，在旗帜鲜明地表达爱国之情时，如何做到分寸有度、润物无声，而不使自身陷于一片吵声连天的泥潭。对此，《人民日报》做了成功探索——

21日晚21时许，《人民日报》推送了一条意味深长的微博，并配发央视视频：【这才是中国人的筷子】一双筷子，承载着中国人的情感和记忆。该微博随后被转发3万多次，同内容的微信阅读量突破10万。在如此敏感的时刻，这条微博无疑是冲着D&G此前发布的用"像两根棍子一样的餐具"吃食物的宣传视频而来的。

所谓"懂的人都懂"，无须凛然大义，无须恶言相向，中国悠久灿烂的饮食文化绝不会因个别抹黑言论而逊色。这种"此时无声胜有声"的态度，获得众多网友点赞，并称"井蛙不可以语海，夏虫不可以语冰"。由此可见，把握网络舆情应对的"度"，并非一定要站在道德高地进行居高临下的批驳，最关键的是要找准时机，因势利导，调控温度，该热则热，该冷则冷，不翻"烧饼"，也不做"夹生饭"，避免让舆情事件进一步发酵扩散、升级恶化。

《人民日报》的成功探索也说明，舆情引导不能高调说教、人为拔高，以免陷入"低级红""高级黑"的泥潭。如2020年2月15日，甘肃援助湖北抗疫医疗队女护士出发前集体含泪被剃光头，这本是为了减少交叉感染的防护之举，没必要大张旗鼓地宣传报道，但不少媒体在视频直播或发表评论时却大肆渲染、有意抬高，称颂她们"勇敢剪掉秀发，充分体现了无私奉献和英雄主义精神"。这些论调引起网民反感，特别是受到众多"80后""90后""00后"网民的质疑和嘲讽。人民网评论指出："一头秀发，对青春期女孩子意味着什么，分量又有多重，一个成年人真的会懵然无知吗？……这样的时刻，除非本人愿意，满眼痛苦的她们，需要的也不是颂扬，而是尊重和回避。……直播女护士含泪被剃光头，至少有欠同理心和同情心。"这就告诫我们，在宣传引导中展示正能量和英雄主义的时候，一定要充分考虑和尊重广大网民的世俗认知和心理感受，避免不当言论引发负面舆情。

三、把握"效"

效，就是效果、实效。网络舆情应对最终要看效果，看能否有效凝聚共识，快速平息纷争，促进事件处置。故此，舆情应对在把握好时、度的基础上，还要讲求效，切实收到理想效果。特别是对重大突发事件的负面敏感舆情，引导者要选准回应的介入点，把握节奏、讲究分寸、顺势而为，言之有物、言之有理、言之有情，使网民爱听爱看、心悦诚服，由衷地支持配合政府部门稳妥处置。

提高网络舆情应对效果，需要长期实践与深入思考，尤其离不开典型案例的示范引领。2015年12月20日发生的深圳滑坡事故的舆情应对，是值得学习研究、借鉴推广的成功范例。事发不久，雪片般的流言蜚语风传网络，将深圳推向舆论的风口浪尖。一场没有硝烟的网络舆论战，几乎与现场救援行动同步展开，有力支持了事故处置工作。

资深舆情专家曾胜泉发文认为，深圳滑坡事故舆情应对以有利于事故处置作为首要考虑标准，在宣传引导和平台选择上创造了具有示范引领意义的新理念、新方法：

一是宣传内容突破以往必提领导重视的惯例。对一些与悲伤气氛不协调，容易引发质疑炒作，甚至会被认为政府"把丧事当喜事办"的题材，一律不作报道。如，对消防救援队员现场火线入党、领导驻扎一线指挥救援等均不安排宣传，各界捐款、捐物等献爱心题材也只作适度报道。

二是评论引导突破一味唱赞歌的套路。此前的评论跟帖几乎只说好话，难以令网民信服。但在深圳滑坡事故舆情引导中，对一些批评、追责、反思类帖文，只要不夹带造谣生事、恶意攻击的内容，就容许其存在，并艺术地用积极正面的跟帖去平衡和对冲，强调以人为本、生命至上，冷静思考、理性看待，不瞎猜、不妄议，引导网民为救援队伍鼓劲、为失联者祈祷。此外，在政府发布重要敏感信息的同时，巧妙引导网络大

V配合发声，让网民可以交叉验证政府信息，提高政府公信力。

三是表达方式突破传统新闻网站的刻板印象。通过"两微一端"等新媒体平台，积极创新内容表达方式和个性化传播手段，提升舆论引导的吸引力和感召力。如，组织网站力量对新华社通讯稿《灾害降临，记录一座城市的表情》及多家媒体的相关报道进行再创作，制作了以"这座城、这些人"为总题、适合移动端传播的H5系列动画纪实作品，再现救援现场的感人情景和温馨场面，彰显了和衷共济、守望相助的大爱精神。①

这三个创举及其取得的理想效果表明，精准设置议题、选对传播渠道、讲究表达技巧，是提高舆情引导效果的重要途径。

舆情引导还要善用网民习惯使用、易于接受的网言网语。因为很多网络语言因其通俗直白、鲜活生动、诙谐有趣、创新性强、言简意赅而从线上流行到线下，在现实生活中被广泛使用，形成一种公众喜爱的语言景观。特别是家常口吻、相对稳定的网络流行语，其包含的信息与符号、思想与内涵已被广大网民理解和认可，灵活而恰当地运用于舆情回应文章中，可以改变传统公共文宣枯燥、严肃的刻板印象，让受众更快产生认知默契和情感共鸣，更好发挥消除疑惑、凝聚共识、平息舆情的作用。

综上可见，作为网络舆情应对的三项基本原则，时度效是不可分割、相辅相成的有机整体。时，是解决舆情应对的反应速度问题，把握好时间、节奏，做好"早""快"文章，舆情应对就能事半功倍；度，是解决舆情应对的方式方法问题，正确导控、精准拿捏、恰如其分，舆情引导方能取得理想效果；效，是解决舆情应对的有效性、影响力问题，回应舆情要达到消除公众疑虑、凝聚社会共识的目的。三者当中，时是第一位的，

---

① 曾胜泉：《勇于创新善于发声——深圳"12·20"滑坡事故新闻舆论应对的实践与启示》，《广东党风》，2017年第2期。

统率度和效；时、度把握得怎样，则要从效的方面来衡量；而时、效在实现过程中，也要考虑度的拿捏。如重大网络舆情事件发生后，要第一时间发布权威声音，但对一时无法定性的敏感话题不宜过早介入、草率定论，防止导向偏差、恶化舆情。故此，只有从整体上把握好时度效，将三者有机结合起来，做到合时、适度、高效，才能为稳妥处置舆情事件提供最大程度的舆论支持。

当然，面对网络舆情，解决问题是第一位的，舆情引导是第二位的；只有妥善解决问题，才能真正平息舆情。因此，舆情应对不能仅仅停留在化解争端的"治标"层面，更要以"治本"的决心和勇气消弥舆情事件背后的矛盾和风险，铲除舆情生存土壤，减少乃至杜绝类似事件的再次发生。

思考题：

1．网络舆情应对必须遵循时度效三项基本原则，你认为其中有无轻重缓急之分？请以真实案例作为辨析佐证。

2．文中提及的D&G网络舆情事件中，《人民日报》发布了一则有关筷子的视频博文，你认为该文有哪些考量，达到了何种效果？

第二节　做好心理疏导

公众心理是影响网络舆情生成发展和应对处置的重要因素之一，尤其是涉事群体以及其他敏感群体的过激情绪能否得到及时有效疏导，事关舆情化解和社会稳定。但在重大突发公共危机事件舆情处置中，政府有关部门容易忽视公众中存在的质疑、逆反心理和焦虑、恐慌情绪，忽视公众这时候更容易信谣传谣、夸大事实、片面归因，致使政府信息发布和舆论引导的实际效果大打折扣。因此，做好网络舆情应对工作，必须高度重视对公众心理的疏导和干预。本着标本兼治的原则，可从如下四个方面着力。

一、宽容公众过激心理，及时纠正失误偏差

公众在网上参与舆情事件讨论时，无论是出于释放、发泄心理，还是从众、看客心理，或者其他不良心理，都要尊重其心理特点和规律，以宽容、务实的态度予以疏导或干预。即使某些网民表现出恐慌、偏执、愤怒等过激心理，政府有关部门和社区服务机构也要放低姿态，与他们进行心平气和、耐心细致的平等交流，了解产生这些不良心理的主客观原因和社会环境因素，继而采取有效措施舒缓他们的负面情绪。美国著名社会心理学家亚伯拉罕·马斯洛说过："只有在一定的条件下，人性才表现为善。在恶劣的环境条件下，人们更容易表现出心理病态和丑恶行为。"[①]其观点虽有失偏颇，但也警示有关部门和机构，在疏导或干预公众的过激心理时，要从改变或改善催生公众过激心理的环境因素和社会背景入手，

---

① ［美］马斯洛：《马斯洛的智慧：马斯洛人本哲学解读》，北京：中国电影出版社，2005年，第145页。

既要处置好引发公众负面情绪的舆情事件，又要从源头上挖掉产生舆情事件的问题病灶。

如，2020年初打响的新冠肺炎疫情防控阻击战，也是一场讲究策略的心理战。面对这次新中国成立以来传播速度最快、感染范围最广、防控难度最大的重大突发公共卫生事件，人们产生一定的担忧、焦虑、不安、惶恐等情绪是正常现象，这恰好是防御疫情传播的一个重要心理机制。但当人们做出过的情绪反应时，又会转变为不利于疫情防控的社会心理问题。这就需要进行及时有效的心理疏导，防止公众惊慌失序引发更大的不稳定因素。如，面对公众在微信、微博等社交媒体上对李文亮医生病逝井喷而出的悲愤、不满等情绪，以及在广东汕头宣布封城、广州祈福新村医院被整体隔离等事件中公众产生的恐惧、疑惑心理，作为疏导方的政府有关部门要充分尊重公众在特殊时期的特殊心理需求，从解决现实诉求入手来缓解公众的过激情绪。为此，针对公众情绪发泄的焦点——李文亮医生病逝，国家监委迅速派出调查组抵达武汉，就群众反映的涉及李文亮医生的有关情况依法调查、如实通报，督促公安机关撤销对李文亮的训诫书，追究有关人员的责任，并就此错误向当事人家属郑重道歉，还了李文亮公道，体现了对民意的尊重，最终平息了民愤。针对汕头市疫情防控指挥部宣布"封城"（实施交通管制），广东省有关部门及时督促汕头撤回了这一反应过度的决定，并在媒体和社交平台上做出解释，迅速消除了公众恐慌情绪。这就证明，网络舆情事件发生后，只要政府部门及时回应社会关切，勇于纠正涉事主体的失误和偏差，就能让公众失去继续关注的心理动力，在理解认同、心平气和中让负面情绪烟消云散。

对公众进行心理疏导时，要注意把握公众参与的心理规律，顺应其变，因势利导，为他们提供一个适当的心理"泄洪区"，排解他们在现实生活中积累的不满、抑郁和愤怒等情绪，而不是一味地封堵、删帖、阻挠，将舆情围堵成一个危险的"堰塞湖"。为此，疏导者要将心比心、换位思考，理解和宽容公众的各种心理特点和情绪表现；要多与公众交朋友，把公众当成自家人，而不是对立面和敌人；要在实施心理疏导时，感化公众，而不是激化矛盾。"站在事件参与者的立场，对事件本身给予理解与宽容，对当事人给予关怀与帮助，不仅有助于事件朝着有利于平息解决的方向发展，也符合构建和谐社会的精神。"①

这方面，发挥主流媒体信息传播和情感交流的作用尤为重要。在新冠肺炎疫情防控期间，人民日报社、新华社、中央广播电视总台等三大央媒深入社交情景，运用互联网新技术新应用，策划推出表情包、微视频和融合新闻等一批有创意、接地气且适合移动传播的社交互动产品，让广大公众的不良情绪在情感传递和意见表达中得到有效缓解乃至消除。疫情报道中的"直播伴随"，为公众由静态收看到动态参与创造了良好契机，贴合公众的心理预期与表达欲望。与此同时，央视网搭建"战'疫'最前线"在线心理帮助平台，人民网"人民好医生"客户端开通防疫公益心理援助专线，为公众普及心理知识、提供专业帮助。主流媒体纷纷开放疫情报道的互动评论区，与"直播伴随"等节目一起为公众搭建了一个"想象的共同体"。广大公众在防疫生活中无法纾解的社交欲望和压抑情绪，在虚拟的信息平台和互动空间里有了弥散出口。

二、因人因事对症下药，增强心理疏导实效

疏导公众心理，要做到因人而异、因事制宜，分类别、分阶段、分步骤，突出重点，对症下药，务求实效。

---

① 孙静：《网络群体性事件参与者心理特点与疏导》，《中国人民公安大学学报》（社会科学版），2010年第2期。

2020年初新冠肺炎疫情突如其来，不同群体有着不同的心理反应，其中已感染群体、易感染群体和普通公众的心理状态是不同的，医护人员、执法人员和社区服务人员等抗疫群体与普通公众也有着不同的心理特征。因此，要区别对待，重点对已感染群体、易感染群体和医护人员、社区工作者等群体提供有针对性的心理辅导、咨询服务。特别是确诊病人、隔离人员、病人家属等高焦虑、高恐惧人群，更要施以及时有效的心理疏导，防止他们因负面情绪无法排解而引发个人极端事件。

在一些网络舆情事件处置过程中，也要分阶段、分目标进行心理疏导和干预。在事发初期，实施心理疏导和干预要抓苗头，通过尽量满足涉事者的合理诉求，消除其后顾之忧，缓解其过激情绪，将事态解决在萌芽状态，避免舆情升级恶化。在舆情事件的公共议程设置阶段，意见领袖起着非同寻常的作用。实施心理疏导和干预要瞄准意见领袖，通过感化、疏通意见领袖的心理，达到感化、疏通其他普通公众心理的目的。在这些手段都宣告无效、舆情发展态势面临失控时，有关部门可考虑使用行政法律手段，打击、惩处发布违法有害信息的意见领袖，起到警示教育作用。如2020年初新冠肺炎疫情暴发后，网上一度风传新冠病毒是美国使用病毒武器所致的谣言，有关职能部门及时辟谣，内蒙古一造谣男子被公安机关行政拘留和处罚，使谣言迅速得到遏制和澄清。但采取这一方式容易导致公众不满情绪的蓄积和反弹，有时要视情辅以必要的心理干预和舆论引导，让公众明白相关案例的典型性和教育意义，防止舆情炒作。此外，对舆情事件参与者和旁观者的心理疏导和干预，也要区别对待、各有侧重，采取不同的策略和技巧。

心理预期和心理暗示是网络舆情事件中影响公众心理的两个重要因素。因此，在对公众进行心理疏导时，不能忽略这两个因素的重要作用。政府有关部门或心理服务提供方可通过"主动揭盖""自揭伤疤"等策略改变公众的心理预期，或采用某种有利的心理暗示对公众进行合理引导。如在新冠肺炎疫情防控初期，湖北红十字会发放、分配捐赠物资不及时、不到位、不合理的情况曝光后，许多公众的心理暗示便是"红十字会等官方机构存在腐败行为，不值得公众信任"。这时，政府有关部门通过追究相关人员责任、要求各地红十字会公布捐赠款物收入和支出情况等举措，改善了红十字会的社会形象，消除了公众原有的不信任心理，让公众认识到"湖北红十字会只是个案"，从而达到平息公众质疑批评、扭转舆情恶化趋势的目的。

三、做好事后心理干预，消除公众心理阴影

涉及公共安全的网络舆情事件即使得到全面平息，其对社会公众的心理影响也难以在短时间内消除。政府有关部门要在事后对社会公众尤其是对涉事重点人群进行有针对性的心理调适。正如习近平总书记在指挥战"疫"时指出的："病人心理康复需要一个过程，很多隔离在家的群众时间长了会产生这样那样的心理问题，病亡者家属也需要心理疏导。这个问题解决不好，会带来社会稳定隐患。要高度重视他们的心理健康，动员各方面力量全面加强心理疏导工作。"[1]

公众在网络舆情事件中表现出来的心理特征，绝大部分是他们在现实生活中形成的，甚至是与生俱来的心理本能，带有一定的普遍性。如，广大公众在面对非典型肺炎（SARS）、新冠肺炎等恶性流行病疫情时表现出恐慌心理，与那些经受地震、海啸等重大自然灾害的人的恐慌心理一样，都属于人类在远古时代因恶劣的自然环境和生存环境导致安全感缺失而带来的遗传心理；在网络舆情发展过程中，许多公众轻信网上谣言，盲

---

[1]　习近平：《为打赢疫情防控阻击战提供强大科技支撑》，《求是》，2020年第6期。

目参与转发、评论，也是人类由来已久的从众心理使然。故此，政府有关部门在及时充分发布信息、迅速有效澄清谣言的同时，应通过必要的心理疏导手段，缓解公众心理压力和不良情绪。特别是像新冠肺炎疫情等涉及公共安全的重大舆情事件平息后，政府有关部门应主动与心理服务机构、新闻媒体、公益组织等一起开展全民性的心理疏导，减少舆情事件对社会公众心理造成的阴影和创伤，尤其要消除社会恐慌情绪及地域歧视、个体歧视等现象，让公众尽快适应疫情常态化防控下的工作生活秩序。这种事后心理干预可以增强公众的心理"免疫力"，让公众今后遇到类似公共危机时，心理变得更强大，应对更加自信从容。

四、加强社会心理服务，培育公众健康心态

习近平总书记在党的十九大报告中指出："加强社会心理服务体系建设，培育自尊自信、理性平和、积极向上的社会心态。"良好社会心态的养成，有利于增强公众面对重大公共事件网络舆情危机时的心理承受能力，更快更好地形成共识和合力。

2020年初新冠肺炎疫情暴发，不但对人们的生活和工作造成巨大影响，也给人们的心理健康带来强烈冲击。对此，全国各地在全力防控疫情的同时，纷纷通过组建心理疏导志愿者队伍、印发心理疏导手册、加强各类媒体科普宣传、提供免费心理咨询等形式，及时疏导和调适公众的紧张、焦虑、恐慌心理。但这种疫情下应对公众心理危机的必要手段，对社会治理格局而言，只能是治标式的应急之策、权宜之计。

"正心为治国之道"，唯有心安，才有民安，才有国安。因此，加强社会心理服务体系和危机干预机制建设，提高心理服务能力，培育公众健康心态，才是长期可持续的"正心"治本之策。具体来说，可从完善社会心理的服务管理模式、改进社会心理的志愿服务体系、增强社会心理的宣

传引导能力、发展社会心理的咨询辅导机构等方面入手，强化社会心理风险预警与应急处突机制，提高社会心理的危机干预和疏导能力。总之，就是要通过文化的、社会的、法制的手段，不断加强和完善社会心理建设，积极引导和改善个人、群体和社会的情绪和行为，培育自尊自信、理性平和、积极向上的良好社会心态和主流价值共识。

第三节　设置工作流程

时、度、效三项基本原则，是网络舆情应对必须始终坚持与灵活应用的圭臬。然而，若网络舆情管理机构缺乏完备的规章制度、精干的执行人员、统一的思想认识，再好的方法论也难以付诸实施，只能眼睁睁看着舆情升级恶化而手足无措、徒唤奈何。故此，要设置切实可行的工作流程，确保舆情应对有序、有力、有效，促进事件稳妥处置。

一、明确岗位职能，各自履职担责

长期以来，网络舆情应对的管理者以党委政府部门人员为主。其中，各级互联网信息办公室承担了大量网络舆情应对处置的指导、协调和督促工作。但也要看到，目前这项工作仍然存在制度不全、权责不清、分工不明等问题，且在企事业单位、社会团体中也都不同程度地存在。只有在管理机构内部配备必要的规章制度、岗位职能、人员编制等，舆情应对工作才能实现常态化、规范化、精细化管理。

为此，我们首先要解决以下三个方面可能出现的问题：

（一）避免多头管理现象

网信办是如今各级党委主管网络传播的职能部门，在其统筹指导与支持下，各地成功化解了大量可能引发严重公共危机的网络舆情事件。然而，在基层党政部门和企事业单位中，设置网络舆情管理机构的仍然只占少数，以致不少部门和单位在应对突发网络舆情时出现议题跑偏、回复任性乃至三观不正等错误，平添负面舆情，给事件处置帮倒忙。

部分单位对网络舆情应对工作一直存在多头管理现象，而不同单位的想法或意图可能存在分歧，加上缺乏统筹协调，致使舆情导控各行其是、难成合力，有时还引发次生舆情。更有甚者，舆情突发时，往往找不到主管部门，其他业务部门则推诿塞责，甚至视若无睹，任由舆情愈演愈烈，最终酿成难以收拾的重大舆情事件，影响社会和谐稳定。

只有避免多头管理现象，才能确保舆情事件发生时不会出现"无人可管""无人爱管"的尴尬局面。各单位可设置舆情管理业务部门，订立相关规章制度，明确负责人、管理者和信息发布流程等，以便相关责任主体应对突发舆情事件时能够有章可循、有条不紊、有效处置。

（二）避免流程空泛现象

无规矩不成方圆。相关单位或部门应建立一套程序明晰、操作性强的舆情应对工作流程，涵盖舆情管理日常事务和应急处置各个环节。网络舆情通过何种手段搜集，是利用单一的监控平台，还是使用手机、PC、平板电脑等多屏协同搜集；舆情信息以何种形式分析上报，是用单一的文字表述，还是运用大数据软件整合为图文并茂的直观样式；舆情会商回应的流程怎样设置，是由专人负责审核把关，还是建立多人议事团队共同决策……凡此种种，都要根据机构自身需求与现实客观条件周密考量、形成流程，并在实践中不断调整、完善，使网络舆情处置规范化、程序化。

（三）避免职能模糊现象

网络舆情应对工作既要有专人管，也要有专人做。这项工作高度复杂敏感，事关社会政治稳定和意识形态安全，是一项政治性、政策性、专业性很强的特殊业务，需要从体制内外遴选优秀专业人才，专门从事这项工作。只有这样，才能增强工作人员的归属感和自豪感。

但在实际工作中，即使是专设舆情工作部门的单位，出于人员编制所限和节约成本考虑，人手紧缺或一人身兼多职的现象比比皆是。然而，人各有所长，精力有限，让一个人管多个摊子的事儿，容易因分工模糊或力有不逮而忙中出错或效率低下。故此，要根据员工个人能力专长进行业务分工，或专职监测分析网络舆情，或专职应对处置舆情事件，或专职采编发布运营，让合适的人做合适的事。

二、做好事前准备，制定应急预案

一旦遭遇网络舆情事件，切不可坐以待毙、听之任之。但在网络舆情日益复杂多变的当下，很多单位在应对处置中仍然显得力不从心，多半处于事后的被动反应状态。如发生于2018年的内蒙古警方因鸿茅药酒效用被广州一医生质疑而跨省抓人的网络舆情事件，凉城县公安、检察等职能部门都是在国家相关部门公开表态后，才被动做出反应，变更处置措施，而在舆情热度最高的两天之内，居然不做任何回应，使自身陷入万民指责的舆情旋涡而形象受损、尴尬万分。

不打无准备之仗。网络舆情应对必须做好充分准备，在日常工作中通过多次演练与检验，分类制定不同网络舆情事件的应急处置预案，以备舆情突发时从容高效应对。具体而言，至少要做到以下两点：

（一）主动监测舆情的最新动态

为了及时应对突发网络舆情事件，对网络舆情的监测搜集要做到时时刻刻、无穷无尽。如上下班高峰期，往往是各大媒体网站、APP大量推送信息的重点时间，不少尚在发酵期的舆情事件借助网民的转发、评论，迅速刷屏网络；又如凌晨时分，往往是网络监管力度稍有减弱之时，一些别有用心的非政府组织、试图蹭热点的自媒体通常在此时段发布一些违法有害信息。在网上舆论活跃、违法行为频发的这些时段，要主动加强盯防力量，随时应对突发舆情。

为了更直观地指导舆情应对工作，我们要筛选出一批值得特别关注的人气活跃度高的网络平台和自媒体，制作成重点对象盯防表，密集刷新其消息列表，防止网络舆情在这些活跃平台裂变式扩散。

此外，我们还要建立包括快报、专报、日报、周报、月报等在内的舆情信息报送机制，按时搜集报送值得关注或需要回应的网络舆情信息，做出分析研判，提出对策建议。

（二）多套应急预案的实操应用

应急预案是舆情应对的基本工作指南，但由于尚未遇到或较少遇到重大舆情事件，很多部门和单位对预案并不重视，导致内容简单、部署模糊、实操性差，很难在舆情突发时真正发挥指导作用。我们应当借鉴相关舆情事件处置经验，从增强针对性、实操性出发，制定具体、可行、管用的应急预案。

此前，我们已讨论了网络舆情监测指标体系的预警分级。根据性质、严重程度、可控性、影响范围等，网络舆情事件一般分为特别重大、重大、较大和一般四个等级。与之相对应，我们应该在平时备好多套应急预案，按照引发舆情的话题，大致可分为政治、民生、社会三大类。应急预案要结合实际、反复演练，确保行之有效、安全可靠。

当然，每个舆情事件都是单独的个例，如果套用模板、照本宣科，必失之于无谋与刻板。我们要根据以往实践经验，利用大数据分析技术，为单一、具体的网络舆情事件制定针对性强的应急预案。即使是同类网络舆情，也要因应时势，区别看待，不可笼统而论。如曾经发生的艺人婚内出轨事件和艺人偷税漏税事件，皆在网上掀起热议高潮，但前者具有私密性，带着窥探个人隐私的泛娱乐化色彩；后者则关涉国家税法大政，具有公共性质，与个人切身利益密切相关。两相比较，后者更需要及时表明态度，管控有害信息，不让舆论走偏；前者则更适合视情开展婚姻道德观议题引导，而不是立即表明是非对错。

我们还要仔细研判局势发展，在舆情事件的不同发展阶段，随时调整应对的对象、方向、做法，切勿沉溺于"炒冷饭"，抓住过气的网络舆情不放，而忽略了正处于爆发增长期的舆情动态。

当我们无法独自妥善处置舆情事件时，就要请求相关方面指导支持。有的网络舆情事件触及社会方方面面，与政府部门、社会组织和个人有关。为此，我们应当建立联动处置机制，联合或求助相关各方力量，按照把握好时度效的原则要求，共同应对复杂敏感的网络舆情事件。

应急处置预案的制定，应体现完整性、预见性、主动性、可操作性、层级性等特点。内容主要包括理由和目的、形势和设想、指挥和应对、任务和责任、评估与善后等方面。

三、加强队伍建设，保持政治定力

做好网络舆情应对处置，要建立一支政治坚定、业务精湛、作风优良、能打硬仗的高素质、专业化作战队伍。网络舆情形势错综复杂，不仅关系民生议题，也与国家大政息息相关，甚至可能涉及党和国家的秘密。为了稳妥应对复杂严峻、瞬息万变的网络舆情，舆情管理者要提高网络媒介素养和舆情风险意识，站稳政治立场，坚定理想信念，保持理性思维，不视网络舆情事件为儿戏，不为网络谣言传闻所迷惑，不被网络炮制民意所裹挟，以足够的政治智慧和过硬的专业能力稳妥处置网络舆情。

（一）杜绝情绪化与过度沉默现象

从以往发生的网络舆情事件来看，部分地方政府、社会机构的管理者素质参差不齐，不仅无法有效应对网络舆情，甚至因回应过度任性成为引爆舆情的始作俑者。主要表现在以下三个方面：

一是个别官方微博编辑在回应网民时出现情绪化表达，导致舆情从线下"烧"到线上。如2017年初，国家旅游局宣布丽江古城等3家5A级旅游景区被严重警告，限期6个月内按要求整改。当晚，丽江古城区委宣传部官方微博"@古宣发布"却被爆出使用不当言论。据网民截图显示，

"@古宣发布"在回复留言时称："你最好永远别来！有你不多无你不少！"这一蛮不讲理的对骂式回复，立即遭到众多网民的强烈谴责和批驳。

古宣发布　　　回复
刚刚　来自 iPhone客户端
回复@记住她的好:你最好永远别来！有你不多无你不少！

@记住她的好:永远不会去的地方就是丽江

@古宣发布
今天上午，国家旅游局对丽江古城5A级旅游景区作出严重警告，限期6个月整改。对此，我们诚...

丽江古城区委宣传部官微回应情绪化

二是部分官方微博编辑公器私用，将官方发布平台视为不受约束的自媒体，以个人喜好随意发文，引发网上舆情。如2018年初，湖南永州市文明办工作人员周某擅自用文明办官方微博为其喜欢的娱乐明星"打call"，让网民一片哗然。

三是有的新媒体平台管理者过度沉默，未能发挥新闻发布和舆情引导的积极作用，受到网民批评质疑。作为突发事件的信息发布窗口，官方认证账号在面对网民质询时，既要把握好回应时效和分寸，也要保持适当活跃度，切勿将官方账号搞成死气沉沉的"僵尸号"，不敢、不会回应公众关切。要知道，"沉默是金"并不适用于众说纷纭的网络平台，应以及时准确、公开透明的权威信息化解公众疑虑。

由此可见，拥有积极、理性、平和的心态，是舆情管理者应当具备的新媒体素质之一。

（二）坚守程序正义，坚定理想信念

个别编辑的情绪化表达与不作为，折射出舆情应对环节的两大缺陷：一是多重审核把关流程缺失，二是发布者政治敏感性不强。

对于部分地方政府的网络发布平台频出不当言论、不当操作，作为单位平台的管理者、发布者具有难以逃脱的责任。正是由于用人不当、审核不严，导致执行人员纪律涣散、执行不力、差错频出。

官方账号容不得个人化表达。为此，我们要坚持程序正义，按章办事，建立起多重审核把关流程。目前，多数机构、媒体都建立了内容审核三道关，即编者自审、部门领导审核、分管领导审核，值得相关单位和部门借鉴。实践表明，唯有由不同层级的负责人一审再审、字斟句酌，才能确保内容表述尺度得当、措辞准确。

网络舆情应对工作政治性强。作为管理者和应对方，相关单位和部门必须时刻保持政治意识和大局观念，通过系统的政策理论学习教育培训，提升管理者的政治敏锐性和政治鉴别力，使其更好地在舆情应对团队中发挥组织协调和信息把关作用。

总之，管理者要坚定理想信念，认真学习掌握新媒体知识和技能，在处置突发敏感舆情时，做到依法依规、及时准确、科学高效发声。要加强新媒体传播专业人才培养，推进工作制度建设，改进传播方式手段，进一步增强网络舆论引导的影响力、公信力。

思考题：

1．若单位内部岗位分工不明、职责不清，将对网络舆情处置造成哪些阻碍？请举例说明。

2．在应对处置网络舆情过程中，为什么要努力避免个人化、情绪化表达？请列出至少3个弊端，并简要分析。

第八章　网络舆情的工作机制

　　新媒体背景下，网络舆情环境日趋复杂，网络治理面临诸多新情况、新问题。如何更好地收集研判舆情、启动应急响应、及时发布信息、导控议题走向，如何更好地进行统筹协调、联系沟通、复盘评估、追责问责等，都迫切需要建立科学高效的工作机制作为保障。

　　建立网络舆情工作机制，目的是确保舆情应对工作有序运转，形成合力，减少各自为战的随意性、盲目性，做到正确科学决策、稳妥高效处置。实践证明，网络舆情事件发生后，相关单位舆情应对的效能来源于科学完备的工作机制；越是面对紧急重大、复杂敏感的突发舆情事件，越需要以健全的机制、严密的流程、过硬的人才、充足的资源，保障舆情应对各项工作协同有序高效开展。[①]

　　此外，还要建立舆情应对效果评价和奖惩机制，以此激发舆情工作者的责任感、积极性和进取心，不断提升网络舆情应对工作的效能。

第一节　信息共享和协同联动机制

　　网络舆情事件虽然原发于某地区、某行业、某单位、某个人，但必然

---

① 曾胜泉：《突发事件舆情应对指南》，广州：南方日报出版社，2012年，第198页。

会伴随舆情突破地域限制，在更广范围内传播扩散，产生影响。因此，无论是对网络舆情的监测预警，还是应对处置，仅靠某地、某行业、某单位单打独斗，无疑会捉襟见肘、难收实效。这就必须打通各类壁垒，建立党委政府部门、企事业单位和社会团体之间的信息共享和协同联动机制，增强舆情处置的协同性、系统性和有效性。

一、建立信息共享机制

传统媒体时代，政府信息管理多以层级和职能为据，政务舆情回应具有垂直发布、部门归属等特征。由于当时信息传播渠道较为单一、传播速度较为缓慢，"政府与社会在公共舆论的对话中具有一定的时间差和空间差，为政府回应提供了宝贵的时间和空间资源"[①]。而当今互联网、移动互联网时代，信息传播突破了时空限制，及时性与互动性极大增强，政府部门回应迟缓的弊病暴露无遗，往往造成网络舆情扩散蔓延、升级恶化，甚至演变成难以处置的舆情风暴。

为了适应新媒体时代舆情快速传播的现实，政府部门必须改变传统媒体时代信息封闭运行的垂直管理方式和各自为政的舆情回应方式，打破管理体制中纵向层级之间、横向部门之间的行政壁垒，加强政府之间、部门之间舆情应对处置的协同合作，建立跨部门、跨层级、跨地区政府间及部门间的信息交流共享机制，及时、全面、准确地搜集、分析、研判舆情，掌握舆情议题和发展走向，为新闻发布和舆论引导提供决策参考。

以新闻发布会为例。这是一项政治性、政策性、专业性强的系统工程，既是新闻发言人的主责主业，又离不开相关部门的密切配合。但在实际

---

① ［美］格罗弗·斯塔林：《公共部门管理》，陈宪等译，上海：上海译文出版社，2003年，第132页。

工作中，有的地方领导视宣传部门如"灭火队"，在对一些重大公共事务做决策时未与其充分沟通，一旦引发负面敏感舆情，却把舆情处置担子全都压给宣传部门，搞些不明所以的"授权发布"，弄得新闻发言人左支右绌，使舆情回应效果大打折扣。[①]

一场成功的新闻发布会，发言人的"台上一分钟"，往往要靠台下一个团队的支撑，需经过沟通协调、信息搜集、舆情研判、口径拟定等筹备环节，缺少某个环节，就会损害新闻发布的客观性、针对性和实效性。

二、建立协同联动机制

当今互联网时代，舆情容量无限，传播载体无形，发布主体多元，技术日新月异，网络信息内容监管难度不断加大，运用传统思维和管理模式处置舆情事件已难以奏效。网络信息管理和舆情引导涉及政府多个部门，光靠宣传、网信部门显然独力难支，需要建立跨部门、跨层级、跨地区的网络舆情应急管理协同联动机制，避免政府部门之间职责不清、相互推诿的"都不回应"，政府层级间隶属关系不同的"不敢回应"，地区政府间职责不同的"不便回应"等问题，[②]做到网络舆情事件发生后有人回应、及时回应、准确回应、有效回应。

因此，一旦发生重大网络舆情事件，政府部门就要立即启动协同联动机制，在设立新闻中心、做好新闻发布和媒体接待的同时，将与事件处置工作有关的同级党政部门和本地主要媒体、网站联合起来，加强彼此间的信息通报，减少因信息渠道条块分割、各自为政导致的信息重复冗余、缺失疏

---

① 曾胜泉：《突发事件舆情应对指南》，广州：南方日报出版社，2012年，第202页。
② 周伟：《自媒体时代网络舆情政府回应困境与消解路径》，《情报杂志》，2018年第4期。

漏、相互矛盾等现象，为稳妥处置舆情事件提供科学高效的决策参考。

协同联动机制可采取事件信息交流会、重大舆情会商会、处置情况通报会、舆情引导碰头会等多种形式。也可邀请主要媒体和网站参与，将党政部门的协同联动机制与政府和媒体的交流合作机制结合起来，努力实现政府议题、媒体议题、公众议题的巧妙融合和有机统一，牵引舆情朝着有利于事件处置的方向发展。

2017年2月4日，网民"萌王富贵"在微博曝光从微信朋友圈看到的豪华菜单及待烹饪的穿山甲，被有关部门转达给国家林业局。随着网民不断深挖，吃穿山甲的人员相继浮出水面，"广西政府官员宴请吃穿山甲"的微博话题吸引了众多网民阅读互动。

此事很快引起动物保护人士等的关注，舆情不断发酵，关注点逐渐向官员贪腐、政府不作为等多向度延伸。截至2月17日22:00，微博话题"广西考察吃穿山甲"阅读量达到4830万，跟帖超过2万。紧随微博之后，微信平台也迅速传播此事，截至2月9日，微信上相关文章达1194篇。①

其间，涉事单位及相关主管部门在2月6日和8日分别作出回应，但早已错过"黄金两小时"的发声良机，汹涌舆情已经决堤而出、难以阻挡。而这迟来的回应，也是相关部门各自为战，甚至有的觉得此事与本部门关系不大，便避重就轻，对吃穿山甲行为的定性等实质问题没有作出回答，也未提出任何具体处理措施，从而引发许多网民以网络段子的方式进行批评讥讽。直到稍晚，国家林业局表示，"根据修订的《野生动物保护法》，今后吃野味不仅受社会监督，也将面临法律追责"，关于吃穿山甲的定性问题才最终解决，舆情逐渐回落。

---

① 孟育耀：《网络热点事件传播的政府舆情应对——基于"吃穿山甲"事件的个案分析》，《传媒》，2017年第19期。

可见，这起舆情事件的应对失利，根因在于各部门之间没有建立应急处置协同联动机制，无法进行统一有序、科学有力的会商研处。而有了联动机制，就能确保在舆情监测研判、回应口径拟定、媒体导向管理、事件现场管控等方面无缝对接、同步推进、形成合力。

思考题：

1. 信息共享和协同联动工作机制有何重要性？

2. 以最近发生的网络舆情事件为例，分析其发生发展过程及应对处置得失，总结好的经验，提出改进意见。

第二节　应对效果评价和奖惩机制

随着网络舆情应对的实践锻炼和经验积累，不论是党政部门还是企事业单位，舆情应对能力都有明显提高，但在应对效果评价方面还没有统一、权威的评价指标体系，导致效果评价较为随意和感性，准确性、公正性大打折扣。网信部门和相关专业机构应当建立具体明确、科学合理、操作性强的量化评价指标体系，确保评价结果全面准确、客观公正，为有关部门和单位对舆情应对工作人员进行奖惩提供重要依据。其作用主要有三点：一是能增强领导者对舆情工作的掌控力，督促工作人员提升舆情应对能力和水平；二是能为领导者和工作人员日后处置类似舆情提供决策参考，及时采取恰当的应对举措；三是能促进有关部门和单位吸取以往案例的经验教训，建立网络舆情应对常态化长效化制度机制。

一、应对效果评价内容

在网络舆情应对效果评价的具体操作中，可分为对人的评价（舆情应对能力评价）和对事的评价（舆情应对效果评价）。

（一）舆情应对能力评价

舆情应对能力既体现相关人员的舆情风险防控经验，也考验舆情工作团队的技术保障能力。它包括舆情监测、舆情预警、舆情研判、舆情应对等四方面能力，在具体评价时需根据不同网络舆情事件的传播特征和处置实际，赋予相应的评价权重，做出全面准确客观的评价结论。其中，舆情事件的复杂敏感程度、应对处置的反应速度和实际效果，是评价相关人员舆情应对能力的重要参考。

（二）舆情应对效果评价

根据网络舆情应对处置的不同阶段，舆情应对效果评价可分为应急处置效果评价和后续处置效果评价。

1. 应急处置效果评价

舆情应急处置效果评价指标应包括初次反应速度、信息公开程度、信息发布质量、次生危机防控、持续回应节奏、议题引导实效、传播渠道选择、权威第三方助力等。

网络舆情事件发生后，只有及时准确、公开透明发布权威信息，充分满足广大网民的知情权和监督权，才能最大限度挤压网络谣言传播空间，主导舆情走向，凝聚社会共识。因此，初次反应速度和信息公开程度应作为舆情应急处置效果评价的重要指标。

信息发布质量事关网络舆情应对成败。在网络信息快速传播和多元解读的当下，如果信息发布出现一个不实数据或一句雷人之语，就会给舆情火上浇油，干扰事件处置。网络舆情应对工作者（主要包括舆情研判、信息发布、宣传引导等方面人员），应具有新闻发言人和网络评论员的专业素养和能力，能把好信息发布内容导向审核关，能有效防控网络舆情次生危机。因此，信息发布质量应是舆情应急处置效果评价的重要依据。

网络舆情传播过程一般经过酝酿、爆发、发展和平息四个阶段。选择合适阶段回应发声，才能收到良好效果。实践证明，在舆情酝酿或爆发初期，处于意见倾向形成、扩散阶段，如果政府部门适时发出权威信息和客观言论，就可引导网民理性看待问题，避免情绪裹挟舆论，起到事半功倍的引导作用。因此，对回应时机和节奏的把握应作为舆情应急处置效果评价的重要参考。

媒体是舆论引导的重要力量，报纸、电台、电视台、通讯社、互联网等媒体，往往能主导社会舆论的生成发展。网络舆情的议题引导需要各类媒体和第三方力量的配合支持。因此，应将媒体和第三方力量的作用发挥情况作为舆情应急处置效果评价的考量指标。

2. 后续处置效果评价

网络舆情平息是一个渐进过程，需要后续处置为舆情事件画上句号。对舆情后续处置效果的评价应包括形象修复效果、实际问题解决效果和舆情应对经验教训总结等综合指标。

后续处置是网络舆情事件的结束，也是舆情风险防控的开始。舆情应对不能以时间换空间，靠时间冲淡舆情事件，而是要着力解决存在问题，巧妙修复受损形象，最大限度降低舆情事件带来的负面影响，重新赢得公众的信任与支持，并对本次舆情应对经验教训做出全面客观的总结评价。

二、应对效果评价机制

网络舆情事件处置结束后，要认真总结评价事发前、事发中、事发后三个阶段的舆情特征和应对效果。要坚持"主体独立、态度客观、内容规范、公众参与"的原则，采用定性与定量相结合的评价方法，全面分析整个事件特别是关键节点的舆情应对措施及成效，深刻总结经验教训，梳理舆情表现特征，归纳舆情处置技巧，并据此充实更新舆情数据库、案例库和新闻发布口径库，修改完善突发敏感舆情应对处置预案，不断改进方式方法，提高工作质量和效率。

具体来说，要建立不同阶段的评价模型和指标体系，给出数据和结论。事发前的评价主要是检验舆情预警机制是否完善，是否提前预测到事态发展；事发中的评价主要是评估舆情发展过程中采取的应对措施是否及时有效，哪些环节存在不足或没有达到预期效果；事发后的评价主要是考量社会认可度、涉事单位形象受损程度及修复效果。

目前国内网络舆情应对效果评价指标体系，主要包括新闻单位如人民网舆情监测室、新华网网络舆情监测分析中心、千龙网舆情产品发展中心、深圳新闻网、《南方都市报》等提出的评价指标体系，高校如暨南大学舆情研究中心提出的舆情应对评价指标体系，学者如兰月新等提出的舆情危机预警处置评价指标体系。

其中，人民网舆情监测室是国内最早从事舆情研究的机构，早在2009年7月就首次发布了《2009年上半年地方应对网络舆情能力排行榜》（见下图），并作为一个常态业务发布各季度地方应对网络舆情能力推荐榜，以评价打分方式直观呈现上榜地方舆情应对工作亮点、短板及总体成效。其首次提出的舆情应对评价指标体系包括政府呼应、信息透明度、政府公信力3个常规指标，以及恢复秩序、动态反应、官员问责3个特殊指标。2011年变动了部分指标，将政府呼应改为官方呼应、政府公信力改为地方公信力，扩大了这两个指标的主体范围，并将恢复秩序替换为网络技巧，强调了政府与网民的沟通交流。这两个变化体现了网络舆情形势的日益复杂和舆情处置难度的不断加大。

2009年上半年地方应对网络舆情能力排行榜

序号	地区	事件	政府呼应	信息透明度	政府公信力	恢复秩序	动态反应	官员问责	总分	应对能力
1	四川成都市	6.5公交车燃烧事件	7.57	6.79	6.74	3.30	1.20	1.18	26.77	蓝
2	陕西神木县	全民免费医疗	6.73	6.65	6.88	0.00	1.02	0.00	21.28	蓝
3	上海市	户籍新政	6.03	6.49	6.03	0.00	1.00	0.00	19.55	黄
4	河南灵宝市	王帅案	3.78	5.16	5.08	0.00	2.44	1.43	17.88	黄
5	云南晋宁县	躲猫猫事件	4.88	4.74	4.68	0.00	1.91	1.19	17.40	黄
6	浙江杭州市	飙车案	4.78	3.91	3.45	2.00	2.40	0.20	16.74	黄
7	河南郑州市	副局长"替谁说话"	3.70	4.77	1.73	0.00	1.11	1.72	13.03	橙
8	重庆市	高考状元造假事件	3.82	2.55	3.36	0.00	1.45	1.43	12.61	橙

（续表）

序号	地区	事件	政府呼应	信息透明度	政府公信力	恢复秩序	动态反应	官员问责	总分	应对能力
9	湖北巴东县	邓玉娇案	2.16	0.36	2.29	2.15	2.41	1.09	10.47	橙
10	湖北石首市	骚乱	−0.37	−1.64	−0.82	0.64	−0.09	−0.37	−2.65	红

人民网舆情监测室提出的舆情应对评价指标体系包含了时间维度、内容维度、静态维度和动态维度，能够比较全面地对地方政府应对网络舆情的能力进行评价。但这一体系也存在不足，例如动态反应（指平息事态、恢复秩序）和官员问责两项指标在"好事"中基本不会存在，那么便会使"坏事"更有得分优势。同时，"政府公信力"指标被定义为"突发公共事件和热点话题本身对政府形象的信任度，以及由该事件或话题触发的对公权力的刻板印象"。这一定义很难量化，因此后来也逐渐被其他舆情应对评价指标体系所抛弃。①

三、应对效果奖惩机制

对网络舆情应对工作中不作为、乱作为问题进行责任追究，有利于促使领导干部提高舆情处置能力，避免和减少因处置不当造成舆情升级和事态扩大。2009年在网上网下造成恶劣影响的河南灵宝市打工仔王帅发帖举报家乡政府征地不补偿被捕事件、湖北巴东县服务员邓玉娇刺死对其非礼官员事件和石首市厨师涂远高坠楼身亡引发大规模冲突事件、河南新密市农民工张海超疑患职业尘肺病而开胸验肺事件和郑州市规划局副局长逯军质问记者"准备替党说话还是替老百姓说话"事件、重庆市31名考生伪造少数民族身份以谋取高考加分事件等，涉事官员均被问责，公众愤怒得以

---

① 李文静：《舆情应对的评价指标体系及其构建》，《重庆社会科学》，2017年第5期。

化解，从而树立了勇于担责、有错则改的负责任政府形象。

在突发事件网络舆情应对中，要明确界定相关部门和个人的责任。事件发生后，各部门和个人要各司其职，各负其责；事件处置结束后，要及时总结评估，奖惩分明。对舆情应对工作中忠于职守、认真负责、成绩突出的单位和个人给予表彰奖励；对迟报、漏报、误报、谎报、瞒报重大舆情，擅自发布未经核实的信息，闪烁其词糊弄社会关切，阻挠记者正常采访报道，造成恶劣影响的，要追究当事人和相关领导的责任。[①]

目前，许多地方已经出台了相关问责规定。如2009年12月1日深圳市推出的《新闻发布工作办法》规定，对新闻发布工作中存在的"不作为、不及时、不规范、不准确"行为进行问责；2010年4月9日重庆市人民政府新闻办公室宣布，如果新闻发言人说"无可奉告"，所在部门或区县发生突发事件不及时回应，或者出现其他推诿行为，将被追究责任。

不妨将网络舆情处置纳入各单位年度目标管理和绩效考评，并作为相关人员业务考核、职务晋升、表彰奖励的重要依据。只有让奖惩机制长出"牙齿"，形成震慑，足以影响"官帽"，才不会让相关工作流于形式。

如2021年1月10日，山东烟台栖霞市西城镇正在建设的五彩龙金矿发生爆炸事故，造成井下22名工人被困，其中10人死亡、1人失踪。由于涉事责任主体直到事发30小时后才上报有关情况，导致栖霞市委书记和市长均被免职和刑拘。

此事说明，当前仍有一些官员和涉事者面对突发事件心存侥幸，欲将事情"摆平"后再报，结果往往是事与愿违，在事态扩大、无法控制或掩盖时才不得不上报。因此，应借鉴栖霞矿难追责做法，对不发布事件信

[①] 曾胜泉：《突发事件舆情应对指南》，广州：南方日报出版社，2012年，第205—206页。

息、不回应社会关切或回应迟缓、引导不力，造成严重后果、产生恶劣影响的，必须严肃追责，并在一定范围内通报乃至公开曝光，以儆效尤。

思考题：

1．为什么要对网络舆情应对效果进行分析？有哪些分析方法和手段？尝试结合网络舆情案例做分析。

2．如何对网络舆情应对效果进行评价和考核，有何标准和意义？

第三节　舆情市场准入和监管机制

由于网络舆情服务市场需求日益旺盛，大量互联网技术公司争相进入，造成竞争加剧且监管滞后，严重影响了舆情行业的健康发展。相对其他行业，舆情行业有其特殊性，部分业务涉及国家秘密、商业秘密和个人隐私，关乎社会政治稳定和意识形态安全，需要设置准入门槛、建立监管机构、制定监管法规，对其依法有效监管，令其规范有序运营。

舆情行业监管机构可在宣传或网信系统内部建立，涉及舆情监测分析技术方面的业务，可通过政府购买服务方式委托社会力量承担。监管法规应当涵盖开展舆情服务的市场准入标准、舆情分析软件应用前审批和迭代中监督、日常抽查和定期审核、社会监督举报等内容，防止不法分子滥用网络舆情服务进行违法犯罪活动。

一、网络舆情行业市场需求旺盛

曾几何时，社会各界对舆情行业和相关业务存在误解。原因是舆情行业发端早期，各种打着"舆情服务"招牌的公司泥沙俱下，在一个监管缺失的市场中"野蛮生长"，"丛林法则"在业务竞争和服务比拼中起作用，不少灰的、黑的招数轮番使用，给舆情行业打上了不良印记。随着国家"净网"行动的深入开展，网络空间日趋清朗，舆情行业乱象也大为改观。

其实，网络舆情应对是一个技术性很强的服务行业。它通过技术和人工结合方式，监测搜集、分析研判舆情信息，及时准确、公开透明作出回应，化解公众与政府或企业之间的隔阂和矛盾，帮助政府或企业修复和提升形象，对于维护市场经济秩序、社会政治稳定和意识形态安全，具有不可替代的重要作用。该行业除具备服务业的普遍特点外，又必须以舆情监测分析技术和应对处置技能作支撑，对从业人员的政治素质和专业能力提出了较高要求。

随着互联网和移动互联网的广泛普及，舆情行业的发展进入了快车道。2014年2月，民政部将舆情监测纳入《2014年民政部购买社会服务指导目录》，对该行业的存在及其服务价值予以认可。此后，舆情服务逐渐成为政府部门向具备资质的社会组织、文化企业、科研机构等购买服务的项目，从事舆情业务的公司随之急剧增长，行业整体水平不断提升。

二、传统媒体适合开拓舆情业务

网络舆情业务政治性、政策性、敏感性强，处理不好就会危及国家安全和社会稳定。鉴于舆情业务的特殊性，考虑到目前传统媒体发展面临的转型压力，应当鼓励支持传统媒体开展舆情业务。因为传统媒体人普遍具有较好的新闻素养，接受过职业道德、社会伦理和法律法规教育，是从事舆情业务的合适人才。对传统媒体而言，涉足舆情业务无疑是开辟了一条转型发展的新路。

媒体舆情机构具有三个突出优势：一是能及时敏锐把握各类舆情的发展态势，有丰富的舆论引导经验；二是沿袭了母媒体的品牌与公信力，更容易获得市场信赖；三是能为地方政府提供贴身舆情服务，因为本地媒体更熟悉地方情况，更能够获得地方政府信任。

舆情业务开展和新闻事业发展可以相得益彰。舆情业务与采编业务往往相互交叉，可被视为媒体"耳目喉舌"职能的延展。如，人民网舆情刊物《网络舆情》定位为"帮领导干部读网"的内参读物，新华网推出的《网络舆情参考》定位为"以网络舆情研判为基础、供领导干部参阅的智库类分析报告"，两者的业务都与所在单位原有内参刊物有所交叉。此外，传统媒体的舆情业务部门普遍都在母报开辟专栏或在网站设立频道，以报道形式推介舆情产品，扩大自身影响。

三、建立市场准入和监管机制

除媒体设立的舆情机构外，目前至少还有三类主体从事舆情业务：一是公关公司，主要从危机公关角度开展舆情业务；二是软件技术公司，主要从事网络舆情监测分析软件的研发；三是高校和科研机构，主要从学理角度研究舆情。它们各有优势和不足，有关单位可根据所涉舆情事件的类型和需求选择合适的舆情服务机构。

当前，在舆情业务市场上，也存在一些亟待整治的乱象和有待改进的地方。一方面，在商业利益驱使下，少数底线意识淡薄的舆情服务机构一味迎合某些客户"删帖""撤稿"的不合理诉求，搅乱了市场秩序，造成"劣币驱逐良币"的怪象；另一方面，一个完整的舆情服务链条应当包括搜集、分析、研判、处置、引导、评估、反馈等工作流程，但很多舆情机构服务项目残缺不全，往往把某一个环节或几个环节当成舆情服务工作的全部流程，使服务对象即使平息了网上舆情事件，也未能解决网下根子上的问题，治标不能治本。

一个有社会责任感的舆情业务提供者，其舆情业务应该有监测预警、防范化解等综合功能，真正为解决问题、促进发展出谋划策、保驾护航。因此，为了舆情行业的长远健康发展，使负责任的舆情机构在市场竞争中脱颖而出，就必须建立统一的行业规范、准入门槛和监管机制。同时，成立行业组织，督促自身严于律己，遵守法律法规，强化责任意识，不断提高职业素养和业务能力。各级政府、企事业单位等在选择舆情服务机构时，也要依据相关标准评估其资质，不达标的即便服务价格再低也不能选用，让投机者无机可投，自然淘汰出市场。

思考题：

1．舆情服务市场为何要建立监管和准入制度？目前舆情服务市场存在哪些乱象？应如何整治？

2．传统媒体从事舆情业务有何长处和短板？

趋 势 篇

第九章　网络舆情的发展和未来

　　网络舆情的发展与信息技术的进步、传播媒介的迭代息息相关。媒介发展大致经历传统媒介、融媒介、浸媒介三个时代。不同时代有不同的舆情传播介质和呈现方式：传统媒介时代主要是报纸的文字、电视台的视频和电台的音频；融媒介时代是各类融媒体平台上文字、视频、音频、动图、H5等多种形式的综合运用；浸媒介时代则是虚拟现实、人工智能等前沿技术助力下的多维立体呈现。

　　目前，互联网开始向平行于现实世界的元宇宙虚拟世界转型，全球传播媒介处在传统媒介时代后期、融媒介时代中期、浸媒介时代前期。这一时期，源自不同媒介的舆情彼此共存、相互作用；但以交互化、可视化、智能化为主要特征的移动媒体尤其是社交媒体迅速成长，跃居信息传播的主要渠道，成为舆情生成的最大温床。

第一节　舆情传播相关科技发展前瞻

　　大数据技术已经在全球范围内改变着媒体生态，第五代移动通信技术（5G）正在越来越广大的区域内推广，虚拟现实（VR）、增强现实（AR）、混合现实（MR）、人工智能（AI）、区块链（Blockchain）等技术来势迅猛、潜力巨大，元宇宙（Metaverse）发展持续走热、呼之欲出。未来数十年内，这些前沿技术的深入发展和相关新技术的衍生应用，将全面改变互联网生态，对网络信息传播介质、渠道、方式乃至舆论格局产生颠覆性影响。

一、移动通信技术的迭代将为新的传播生态夯实传输基础

第五代移动通信技术（5G），经过较长时间的布局和准备，正在全球范围内进入商业化应用阶段，这将大大改变互联网和移动互联网的传播生态。既有的5G产业链，由上游基站升级、中游网络建设、下游产品应用及终端产品应用场景构成，包括器件原材料、基站天线、小微基站、通信网络设备、光纤光缆、光模块、系统集成以及服务商、运营商等各细分产业链，目前都在蓬勃发展。

5G网络有极高的速率，极大的容量，极低的时延。相对4G网络，传输速率提升10至100倍，峰值传输速率达到10Gbit/s，连接设备密度增加10至100倍，流量密度提升1000倍，大大提升了用户体验。与2G、3G、4G主要针对人与人通信不同，5G在设计时就考虑了人与物、物与物的互联。全球电信联盟接纳的5G指标中，除了对原有基站峰值速率的要求，对5G还提出了8大指标：基站峰值速率、用户体验速率、频谱效率、流量空间容量、移动性能、网络能效、连接密度和时延。

5G对网络信息传播的影响是颠覆性的，因为人类社会正在迎来人、机、物互联的时代，各种机器、设备、商品、用具等都将成为信息的生成地或传播节点。目前传播领域火爆的抖音、快手等短视频平台，在网络信息传播体系中起着非常重要的作用，5G的大带宽、大规模连接、超低时延将引领短视频行业突破现有技术局限导致的用户体验方面的部分瓶颈。5G的普及还将使虚拟现实和增强现实、人工智能、区块链等技术成为主流，从而促进无人驾驶、云计算、可穿戴设备、智能家居、远程医疗、网

络教育等领域的快速发展。

5G将为万物互联提供初步的网络传输基础，但离真正的万物互联所需要的标准还相距较远，这将有赖于6G、7G、8G等移动通信技术的迭代和发展。以6G为例，下载峰值速度可达到1Tbps，立体全息地图、超级VR和AR等技术都可能实现，从而彻底改变人们的工作生活方式。6G还将把地面通信、卫星通信、海洋通信全面打通，海洋、沙漠、无人区等如今移动通信的"盲区"有望实现信号全覆盖。就应用场景来说，6G将会被普遍应用于空间通信、智能交互、触觉互联网、情感和触觉交流、多感官混合现实、机器间协同、全自动交通等各种场景。2019年11月3日，我国6G技术研发推进工作组和总体专家组成立，标志着我国6G技术研发工作正式启动。它将让我们越来越接近万物互联、信息泛在。

二、区块链技术的发展将为新的传播生态夯实存储基础

区块链技术是伴随加密数字货币逐渐兴起的一种分布式交易账本和大型海量数据库，具有去中心化、不可篡改、全程留痕、可追溯、可编程、集体维护、公开透明等特点。这些特点确保了区块链的"诚实"与"透明"，为构建一个全新的信任环境奠定基础。有学者认为，区块链是继蒸汽机、电力、互联网之后的颠覆性核心技术，其构造信任环境、保障信息安全的特点将彻底改变整个人类社会价值传递的方式。

区块链最重要的特征是去中心化：没有中心管理，各个节点实现了信息自我验证、彼此传递和共同管理。开放性也是其重要特征：它是开源的，除私有信息加密外，其数据对所有人开放，任何人都可以通过公开的接口查询，整个体系高度透明。它还具有独立性：所有节点能够在系统内自动安全地验证、交换数据。在如上特性基础上，区块链具有相对较强的安全性：只要不能掌控全部数据节点的51%，就无法操控修改网络数据。

美国区块链科学研究所创始人梅兰妮·斯万认为，区块链技术发展分为3个阶段：1.0时期，可编程货币；2.0时期，可编程金融；3.0时期，可编程社会。每个发展阶段，都将对信息的存储和传输产生革命性的影响，而网络舆情的产生、传播和应对也必将与之俱变。

早在2008年出现的比特币，是区块链技术落地的第一个代表性产品，也是区块链1.0时期的开始。比特币的概念最初由网名叫"中本聪"的人提出，是一种P2P（点对点网络借贷）形式的数字货币。与大多数货币依靠特定货币机构发行不同，比特币依据特定算法，通过大量的计算产生，使用P2P网络中众多节点构成的分布式数据库来确认和记录交易行为，并以密码学的设计来确保货币流通各个环节的安全。作为一种交换中介，比特币交易成本很低，它无需第三方清算机构，由网络用户独立进行交易确认，且交易都在网上公开进行，容易追踪溯源，比传统货币更加安全、透明、防伪，能有效防止非法活动。

区块链的2.0时期，是与金融结合。区块链与金融业具有天然适配性，将其应用于金融行业，能够省去第三方中介环节，实现点对点的直接对接，从而在大大降低成本的同时，快速完成交易支付。区块链金融的应用价值主要表现在优化信用中介职能、提升金融监管水平、缩减金融交易成本、保障用户信息安全等方面，应用场景主要集中在跨境支付结算、供应链金融、数字票据、征信体系建设等领域。目前，区块链金融已在我国取得了阶段性发展成果，在银行、证券以及保险等金融领域实现了广泛应用，但发展速度不快。

区块链的3.0时期，是与整个社会的融合。届时，区块链拥有完善的分布式点对点系统，作为一种安全可验证的分散确认事务的机制，将广泛应用于金融经济、物联网、大数据、云计算、人工智能等领域。区块链提供域名解析（DNS）服务，通过网络中各节点间的点对点数据传输实现域名的查询和解析，可以保护重要基础设施的操作系统和固件不被篡改，也可以监控软件的状态和完整性。再如数字版权领域，通过区块链技术，可以对作品进行鉴权，证明文字、视频、音频等作品的存在，保证权属的真实、唯一性。同时，区块链还可应用于更灵活的即用即付型业务交易，应用于智慧城市与智慧社区建设，应用于公共管理、能源、交通等与民众生产生活息息相关的公共服务领域等。而区块链一旦实现与整个社会的融合，必将给信息传播生态带来颠覆性影响。

三、人机共存和万物互联将成为未来网络时代的基本特征

人工智能技术真正走入公众视野并迅速"走红"，是因为人工智能计算机程序阿尔法狗（Alpha Go）在围棋比赛中的超强表现。2016年3月15日，阿尔法狗与围棋世界冠军、职业九段棋手李世石进行围棋人机大战，以4∶1的总比分获胜；2017年5

李世石对战阿尔法狗围棋
（图片来源：新浪体育）

月27日，它与排名世界第一的围棋世界冠军柯洁对决，以3∶0完胜。可以说，这个人工智能机器人几乎完美无缺，人类想要战胜它，恐怕只能切断电源。阿尔法狗围棋由谷歌旗下DeepMind公司戴密斯·哈萨比斯领衔的团队开发，其主要工作原理是"深度学习"。

自1956年人工智能作为一门学科诞生以来，其60余年的发展过程充满曲折。诞生之初，人们对这个想象空间巨大的新生事物产生浓厚兴趣，预测在较短时间内（如10年内）机器的智能就能赶上甚至超过人类。但当

时技术水平较低，机器还很笨拙，人们的兴趣随之降低，该次热潮迅速过去。到了20世纪80年代，人工智能迎来了第二次热潮，当时研发的一些"专家系统"可以像人类专家一样进行专业性的工作，再次唤起了人们的研究和应用兴趣。但因其依赖的是一个封闭有限的样本数据库，应用功能较少，人们的兴趣又迅速回落。

阿尔法狗围棋是第三次人工智能浪潮的早期代表性作品。在大数据技术加持下，第三代人工智能产品能够进行深度学习并归纳总结规律，还能根据经验数据灵活处理新情况、解决新问题。其划时代的突破主要有三个方面：首先，第三代人工智能在数据库尤其是云技术持续发展的支持下，在不断强大的分布式存储系统的助力下，拥有一个空前开放且不断壮大的动态数据资源库，为智能机器发展提供了基础性条件；其次，第三代人工智能"演绎推理"的思维逻辑与人类更加类似，且具有超强的自主学习能力，能够不断进步和创新，也正因如此，有不少人担心其可能超过甚至取代人类；最后，第三代人工智能已孕育出一个助推经济社会发展的产业链，目前比较热门的语音识别、人脸识别、智能翻译、自动驾驶等新技术都在其中，与前两代人工智能只是在有限领域突进不可同日而语。

目前，第三代人工智能已步入快速发展期，研究范围也早已超出最初的学科设定，成为一门融合性强的前沿交叉学科，在应用上向更加复杂和广泛的社会领域拓展。如，与网络舆情相关度最高的传播领域，其衍生的AI写稿、AI视频等已在传媒业广泛应用，天猫精灵、苹果Siri等智能传播终端（程序）也纷纷出现。

人工智能技术也正在改变媒介的内涵和外延。如各种智能机器，因具有传播属性而成为媒介的一部分。随着时间的推移，当万物互联的时代真正到来，智能机器作为信息载体将普及应用，人们对此也将习以为常。当机器和人类一同生产和输出信息，共同组成一个巨大的传媒场，则整个媒介生态就变成了人类和机器组成的整体。一旦发展至此，媒介既有的界限将荡然无存，真实空间与虚拟空间将融为一体。到那时，舆情传播特点和规律将会是另一番景象。

四、新的媒介呈现形态将颠覆式改变信息传播方式

未来的浸媒介时代，泛虚拟现实技术加持的媒介形态，很可能成为信息传播的主流方式。该技术以计算机、电子信息、仿真技术、传感器技术、显示技术为依托，通过将虚拟信息构建、叠加于现实或虚拟空间，生成一种多源信息融合的交互式三维动态场景和实体行为，让用户沉浸于高仿真模拟环境，仿佛身临其境，可以即时、无限制地观察三维空间内的事物。根据虚拟信息和真实世界的交互方式，可将该技术划分为VR、AR和MR三个领域。

VR技术通过建立一个全仿真三维虚拟空间，实现空间的元素按照一定规则与使用者进行交互。该空间独立存在时，就是VR虚拟现实；当虚拟现实和真实世界叠加，就是AR增强现实；把虚拟现实和增强现实融为一体，就是MR混合现实。

上述技术中，VR已经发展得如火如荼，AR和MR也开始起步发展。国外，脸书、谷歌、微软、苹果、索尼、三星等巨头纷纷介入；国内，阿里、腾讯、新浪、百度、华为等头部企业也都早早布局。巨头之外，许多中小公司争先上马相关项目，各类资本也竞相投入巨资。与此同时，全球VR产业基地如雨后春笋般不断出现，仅就我国而言，南昌VR产业基地、福建VR产业基地等已正式运营。

目前VR应用场景已经非常广泛，许多公司正在跑马圈地，争相进入新闻、游戏、魔术、影视、社交、直播、购物、房地产、汽车、旅游、教育、医疗等行业。仅与之配套的可穿戴设备，就催生出硬件生产、内容制作、分

发渠道等产业链。

可以预见，未来VR作为一种新的媒介呈现形态，将全面颠覆式改变既有信息传播方式。它可通过逼真呈现场景的光场技术，实现裸眼的沉浸式体验，如同把用户带到新闻现场，这已在现有VR眼镜显示下雏形初现。以VR、AR、3D、云计算、区块链、数字孪生等技术的整合应用为基础，未来社会很可能被元宇宙实现"时空再造"，把虚拟世界与现实世界在经济系统、社交系统、身份系统上高度融合，并且允许每个用户进行内容生产和世界编辑。到那时，人们利用脑机接口等技术，进入沉浸式视觉体验的数据世界，切换另一种身份，体验第二种生活。而在这个可以大规模连接的虚拟现实应用场景中，信息传播与获取的渠道、舆情生成环境与应对处置方式都将迥异于当下的互联网社会。

思考题：

1. 请根据本节内容，简要概括两种未来将影响舆情传播生态的先进科技，并总结其特点。

2. 对于本节提到的几种重要科技，你认为哪种对未来舆情传播生态的影响最大？为什么？

第二节　科技进步必将带来新型舆情

科技进步带来了人文演进，也正在重塑网络舆情的生成环境、演进路径、表现形式和影响程度，由此催生出新型舆情。它既有以往舆情的主要特点，更因新技术加持而呈现诸多不同之处。

一、高速的网络传播将大大缩短舆情处置的"窗口期"

随着5G、6G、7G等移动通信技术的迭代，网络传输速度将越来越快，优质资讯内容和数字产品更容易送达用户，用户也可以更便捷地进行学习、工作、沟通和交流。同时，移动通信技术的迭代也加速了虚假信息、错误言论、恶意炒作等的传播扩散，使网络舆情升级恶化的速度空前加快，留给涉事政府机关、企事业单位及相关个人的应对处置时间越来越短，"窗口期"稍纵即逝。

这种高速传播对文字类的资讯影响较小，对视频、音频、VR等则影响很大。以前，视频、音频等在网络上传和下载需要较长时间，发布平台也有限，舆情处置难度相对较小。随着新的移动通信技术的普及应用，各类文件的上传和下载将能即时完成，而音视频平台、VR平台和其他主打音视频业务的媒介将急剧增长。在此情况下，一条视频传遍网络只需几分钟时间，为舆情产生和扩散提供了更多空间和机会。

在信息容量庞大、传播速度极快、载体空前丰富的背景下，网民表达渠道增多，话语日益多元，群圈愈加细分，更容易形成各自独立、观点不一的信息空间，加大了舆情监测和引导的难度；即便在同一信息空间，也会因约定俗成的特定语言、交流习惯等的不同而形成隔阂乃至割裂。如今，00后青少年的网络言论中，已出现不少只有他们才懂的词汇，其他年龄段的人若非认真了解，很难弄清其真正含义。在一定程度上，他们的话语表达已经有"自成体系"的愿望和可能。这是未来网络社会将因个人志趣等的不同而向群圈化发展的一个端倪。

当下，随着算法推荐的普及应用，个人兴趣爱好不断被深挖和塑造，人们已没有更多精力去关注其他领域的信息，久而久之便陷入算法构建的"信息茧房"，造成视野窄化、固执己见，不同观点彼此强化、难以沟通。这些用户一旦被算法推荐服务提供者操纵利用，就会浑然不觉地成为不实信息和错误言论传播扩散的"帮凶"，推动形成群体极化、舆论极端现象，增加网络舆情风险防范化解难度。而随着将来传播载体的剧增和海量信息的暴涨，受算法支配的用户会越来越多，算法操纵舆论的现象可能越来越严重。

综上可见，未来科技助推下，丰富信息充斥个人空间、传播载体和形式日趋多元、舆情扩散速度空前加快、社会群圈化日渐演进、算法"算计"用户喜好易如反掌……这些彼此共生却又难以调和的信息生态，无疑将加大未来舆情应对和监管难度。

二、区块链技术将增加舆情监管难度

区块链技术能使信息同时存储在多个节点，极大地降低了信息遗失、被攻击篡改等风险。但它是一把双刃剑，在保障存储安全的同时，也因其不可删除的特性，客观上给有害信息或不良舆情形成一种技术庇护，从而使信息内容管理和舆情应对难度陡增。

以比特币为初期主要应用的区块链技术，承载着主体巨大而复杂的市场利益，加之存在诸多缺陷，容易成为黑客攻击和炒家操纵的主要对象，使舆情产生的可能性加大。如，区块链交易平台比较脆弱，容易遭到黑客攻击；交易确认时间长，下载信息和确认数据准确性都会消耗不少时间；

比特币价格波动性大，容易导致大量投机资本注入，引发市场风险。

比特币只是区块链技术1.0时期的一个具象化应用。当该技术发展到2.0、3.0时期，其可能产生舆情的风险将比比特币更高，而比特币自身缺点在未来两个时期的区块链发展中仍将长期存在。如，区块链技术更多着眼于分布式存储，如果信息传输和交易中的风险把控未能及时跟进，则很容易受到攻击。再如，比特币去中心化，缺少监管，如果用于虚拟货币类的结算，势必使别有用心者操纵市场成为可能，利益的侵占和失去也会引发舆情事件。与此同时，区块链信息也并非绝对不能篡改，当其遭遇51%的算力攻击时，存储的内容将被全面改变。

三、人机共存和万物互联将给舆情发酵提供更广阔空间

人机共存时代，人工智能、生命科学等技术的共同发展，将使智能机器的快速崛起成为可能，也将显著改变网络舆情的生态环境。目前，算法推荐、机器人写作和参与对话等人工智能技术，已经表现出明显的逐利性和突出的"工具理性"，在助力精准化、个性化服务的同时，却忽略应有的社会功能和公共利益考量，长此以往，这些行为很可能导致社会离散状态，严重损害信息传播的公共性。目前正在迅猛发展的第三代人工智能，已经开始带来一些既往没有的舆情类型，如目前火爆的人脸识别技术引发的舆情，处置起来更加困难。

人脸识别是基于人的脸部特征信息进行身份识别的技术，通过采集含有人脸的图像或视频，自动检测、跟踪人脸进行识别。在我国，人脸识别已经普遍应用于考勤、支付、身份核验等场景。

与此同时，人脸识别带来的各种舆情也从未间断。在相关安全保护系统尚不健全的情况下，人脸识别用于支付极易出现隔空盗刷问题。以现有技术，识别人脸的最远距离可达到3公里，被恶意支付的风险甚高。

值得警惕的是，一种通过深度合成技术进行"换脸"的应用程序已经出现。如2019年，一款名为"ZAO"的人工智能"换脸"软件火爆一时，用户只需提供一张人脸照片，就能将选定视频中的人物面部换掉，生成新的视频，这对隐私权、肖像权、视频作品版权等带来安全隐患。更为严重的是，该软件所依托的技术在国外曾被用于色情视频制作，国内也已有相关发现。试想，如果把这项技术用于新闻视频的制作，将产生多少真假难辨的新闻？若在舆情事件中用它制造假视频混淆视听，将对舆情引导产生多大的冲击？

与此相似，语音技术的发展也会产生新型舆情。如，每个人的声音都有其独特性，而人工智能技术具有很强的学习功能，如果通过它模拟某人的声音，伪造其本人并未说过的音频文件，用于网络犯罪或制造虚假舆情，就会给辨别和应对带来极大困难。要是"换声"与"换脸"结合，在某国非常时期伪造该国领导人的音容发号施令，后果更是不堪设想。

人工智能传播技术将给我们带来的舆情治理难题远不止这些。随着这项技术的不断成熟及其在自媒体领域的广泛应用，新的舆情类型还会出现，届时舆情生成传播规律和应对处置方法又将相应而变。

四、自媒体将进一步冲击网络传播秩序

未来元宇宙时代，随着智能机器的普及应用，人机之间将建立起极其紧密和复杂的资讯连接。资讯内容的用户生产和机器生产并存，将为舆情的产生和传播提供广阔空间，对内容管理和舆情应对形成新的挑战。同时，在科技助力下，用户生产内容（UGC）将越来越普遍，各类自媒体也将如虎添翼，使未来的媒体格局更加复杂多元。

自媒体将更加强烈地冲击网络传播秩序。如，以大数据技术为基础的算法推荐，已经被各类自媒体广泛使用，有的为实现商业目标，完全让算

法主导内容推送，导致色情图片、暴力新闻、虚假信息等充斥用户手机屏幕；有的甚至滥用大数据解读政策和现象，进行"制度焦虑"式营销，撕裂了社会认知，损害了群众权益。这种片面追求经济效益的市场行为，很容易成为负面有害舆情的推手，甚至发展成舆情的策源地。这方面已经有不少案例，未来的舆情风险更不可小觑。

自媒体的舆论影响力将越来越强。目前，已有不少自媒体拥有足以支撑其生存发展的"粉丝"量和话语权，有的甚至成为某一领域新闻信息和社会议题的主导者和控制者。如，"粉丝"过亿、火遍全球的"网红"博主李子柒，其账号在海内外网上的影响力已超过国内不少媒体，成为传播中国乡村文化生活的正面典型。其中，她拍摄的中国田园风美食短视频，到2021年9月已吸引逾2000万海外受众，好评率高达97.8%。而个别同样有着强大影响力的自媒体，却在传播不实信息和不良价值观，如不依法严管，后果不堪设想。

自媒体仍将不断发展，日益成为重要的信息聚集地和强大的民间舆论场。由于自媒体对整个舆论环境的认知未必全面，对舆情的分析研判也普遍缺乏专业能力，再加上商业利益驱动，很容易因断章取义或误解事件而做出不理性的判断，甚至发出偏激性、煽动性言论，推动有害舆情的形成发展。因此，如何提高自媒体的法律意识和社会责任感，让其更好地为社会公众提供优质内容，减少对社会秩序的冲击和对公众利益的损害，是我们必须面对和破解的重要课题。

思考题：

1. 人脸识别技术在未来会带来哪些舆情风险？怎样减少这些风险？

2. 在万物互联的未来时代，如何规范自媒体的发展和管理？

第三节　未来舆情监测分析应对策略

未来科技发展必将催生新型舆情，形成更加复杂严峻的网络舆情生态。但无论舆情种类如何变化，应对处置都必须始终坚持时度效原则，体现时度效要求。同时，因应新的舆情环境，可通过人机交融、多方协同等方式，提高舆情应对的质量和效率。

一、提高时度效要求

在未来新的媒介格局和舆情生态中，时度效仍然是舆情应对的基本指引和目标追求，只是要求更高，具体内涵将有所调整和变化。

对"时"的把握来说，随着信息传播技术的升级迭代，舆情爆发后留给处置的窗口时间正在逐渐缩短。当前和今后较长一段时期，"黄金两小时"仍是舆情回应的最佳窗口期。接下来的5G、6G、7G、8G等时代，舆情的爆发扩散速度越来越快，回应的窗口期可能要缩短至一小时、几十分钟甚至几分、几秒钟。如此短暂的窗口期，对舆情的监测、研判、预警、处置等提出了更高要求，只有全面提速，才能适应新形势、新变化。

对"度"的把握来说，由于原来的传播介质主要是文字、图片，音视频较少，传播速度也较慢，对信息内容的审核与舆情回应的掌控相对容易。但随着视频、虚拟现实技术的广泛应用，信息传播将更可视、更直观、更互动，单纯的语言回应很可能词不达意，且不同介质发酵的舆情，也要在对应介质予以回应，从而使"度"的把握难度更大，回应稍有不慎，就可能在不同圈层和介质中遭到不同解读，引发次生舆情。这些都对舆情回应者驾驭多元媒介、把握分寸尺度提出了更高要求。

对"效"的把握来说，面对未来矛盾分散、关系复杂、涉及面广、介质多元的舆情传播，只有在发酵舆情的各个介质和群圈中逐一做好回应，并使彼此间形成良性互动，才能对所有舆情参与者都产生积极影响。这就需要对不同介质和群圈的舆情进行即时、全面、准确的监测分析，并据此不断调整、优化不同平台的舆情应对策略，确保舆情处置取得整体实效。

二、形成人机交融合力

未来，借助人工智能、大数据、算法、虚拟现实等新技术新应用，必然会对网络舆情工作提供更多支撑。

首先，在舆情发现上，必须利用大数据技术进行有效监测。未来万物互联、人机共存，任何一个信息连接点都可能成为舆情源头。面对海量舆情信息，如果只靠人力，根本无法实现即时、高效的全网监测。故此，舆情工作人员要根据既往案例，对监测指标进行多维度设定，以求在舆情事件萌芽之际就发出预警并追踪研判。这是未来舆情应对的前提和基础。

其次，在舆情分析应对上，必须实现人机之间的有效协同。面对人机共存、极其复杂的传播环境，每一起舆情事件都可能牵一发而动全身，对所关联的不同社会群体或利益群体产生影响。如人工智能技术，若用之不当或被恶意滥用，会带来极大的负面作用，因此必须对其进行"技术归化"，以"价值理性"引领、修正其单向度的"工具理性"，消解其在舆情传播中的功利取向，避免干扰舆情事件的稳妥处置。基于此，对舆情产生原因进行透彻分析、对舆情事件关联方进行全面了解、对处置措施可能产生的负面影响进行提前评估等，都变得非常重要。如此复杂的分析预测，只有借助人工智能、大数据等先进技术，才能确保精准高效完成。而在舆情数据采集结果的分析研判、最终结论和建议的形成、舆情应对的实操等环节，则应更多依靠人力去实施。人机协同用力，将极大地提高舆情分析的准确性和舆情应对的实效性。

最后，在舆情处置结束后，应借助技术手段及时复盘评估。未来舆情环境变化更快，每一起舆情事件处置都是一次难得的实战锻炼机会，应当马上全面复盘、分析得失，从中总结出能够解决共性问题的方法。这些经验教训经过大数据、区块链等技术处理和存储，可以随时为相关舆情处置人员所了解，为相关机器所学习，从而为下一次舆情处置提供更有针对性的策略技巧，做到回应速度更快、分寸把握更准、引导效果更好。

三、完善多方协同机制

未来舆情环境下，无处不在的网络媒介提供了极为便捷的社交空间，让网民可以更快速、更广泛地表达个人意见和情绪。随之而来的是，舆情爆发的节点数量极其庞大，形态种类更加多样，能够迅速渗透到社会的各个角落，影响到人群的各个圈层，并在众多平台传播扩散，给舆情应对带来更大挑战。如此广大的舆情发酵空间，将涉及更多的部门和单位，只有完善、优化多方协同的工作机制，调整、充实应急响应的成员单位，做到事件处置和舆情应对"一盘棋"，才能形成强大合力，取得最佳效果。这样做，主要有以下三个作用：

一是有助于实现稳中求快的舆情应对战略。考虑到未来舆情环境的复杂性，求稳是舆情应对的第一要求。如果片面追求处置速度，则容易惹出次生舆情，从而"越忙越乱"。因此，应当与涉及不同圈层和介质的部门之间建立起良好的协同联动机制，以便更好地从总体上把握舆情走势，使处置方法更加有的放矢。

二是便于及时引导舆情和澄清误解。只有动员与舆情事件相关的职能部门和积极力量，让他们了解舆情应对的基本思路、方法和步骤，并通过他们将回应、辟谣等声音以最快速度传播到舆情所在平台，才能及时有效地引导和平息舆情。同时，通过他们了解舆情事件相关各方的意见和诉求，从而对舆情可能出现的反复和部分效果不佳的平台了然于胸、及时应对，不给舆情复燃留下任何死角。

三是有利于打破"信息茧房"。基于算法推荐的资讯分发，容易使受众陷入个人偏好的"信息茧房"，在认知上形成刻板印象，极易受同一圈层的鼓动，在一些舆情事件中做出过激反应，增加舆情处置难度。而多方联动，促进不同圈层、不同群体、不同知识领域的网民彼此交流、理解，无疑有利于打破"信息茧房"和圈层区隔，使部分不良舆情失去生存空间。

当然，未来科技创新难以预料，我们对网络舆情发展趋势的分析预判难以做到全面准确，也许不久的将来就会时过境迁而成为史料。试问：万物互联、智能泛在、数字化生存的时代，会对网络舆情的生成发展和应对处置带来怎样的冲击？多半会慎答：未知远远大于已知。

2020年1月20日，就在本书初稿即将收笔之际，第50届达沃斯世界经济论坛传来令人不安的消息：包括《人类简史》《未来简史》的作者、以色列历史学家尤瓦尔·赫拉利在内的多名西方学者预言，随着人工智能、大数据、脑机融合等技术的发展应用，很可能出现数据殖民、信任崩溃、自由丧失、技术侵入人体等可怕情景，产生"数据恐惧"。他们认为，只要有足够多的数据和足够强的算法，就可以实现对他人的心理干预和行为操控，实现对其他国家的政治控制和经济掠夺，形成不需要使用武器的"数据殖民""智能霸权"。

西方学者的担忧并非杞人忧天。据报道，国际公认的2019年全球科技重大突破项目中，算力存储和智能学习的创新发展赫然在列。如，谷歌首次实现"量子霸权"，只用约200秒，就完成了经典计算机1万年才能完成的任务。英特尔的存算一体化芯片比传统CPU快1000倍，能效提高1万倍，向"模拟大脑"迈进了一大步。多家公司掌握的捕捉语义关系的新技术，正在使机器更好地理解自然语言，促进社交（聊天）机器人在曲折中逐渐走向成熟。模拟生物细胞集体迁移的机器人已经诞生，为研制大规模群体机器人系统提供了全新路径。机器人通过深度学习可能使某种自动化程序比人自己还了解自己，当技术应用超越了这个临界点，人类将会因自身智力和心理发展无法追上科技的脚步而陷入危险境地，自动化程序将轻而易举地影响甚至操控人类行为。现在已经出现了谷歌、脸书等公司的技术应用改变人的心理和行为的现象，很可能催生人工智能时代的"技术统治阶层"。而随着以"脑机接口"为代表的神经技术迅速发展，相关商用市场逐步打开，未来可能面临人类潜意识被读取、精神隐私泄露，甚至人脑被操控等各类风险。为此，智利国会于2021年4月公开表示"人的神经权利不可侵犯"，并启动相关立法工作，"力求保护人脑不受人工智能和其他新技术发展的影响"。

当今世界，互联网信息技术日新月异，对信息传受模式的变革与创新势不可当。有朝一日，若元宇宙虚拟世界真正成为人们的生活空间，西方学者关于"数据殖民""智能霸权"的预言成为现实，网络舆情的生成传播规律将更加难以捉摸，舆情监测研判愈加艰难，应对处置更为棘手。与此同时，政府回应舆情更加受制于互联网寡头，防止资本和技术操控舆论的难度加大。不过，到那时，如果全世界能够联合起来、协同共治，通过国际法认可的各种制度、机制、监管和审查，将科技活动必须遵守的伦理价值准则落实到风险控制行动中，也许就能够促成负责任的科技创新，让科技革命永远向上向善、造福人类。

思考题：

1. 除本书所述外，你认为未来的舆情应对还要在哪些方面着力？请简要说明原因。

2．舆情应对中的人机协同有什么优势？可能会存在哪些问题？该如何正确应对？

3．网络舆情信息一旦上传区块链平台，将面临理论上不能删改的局面。你如何看待这种现象？又该怎样营造既有秩序又有活力的网络生态？

4．2021年1月6日，即将卸任的美国总统特朗普的数千名支持者，为阻止确认拜登当选总统，暴力闯入国会大厦，造成6人死亡。8日，特朗普及其竞选团队和7万多名特朗普支持者的账号，被推特、脸书、谷歌等大型社交媒体以"煽动暴力"为由永久封禁。这种史无前例的惊世"创举"，是限制言论自由，还是依法管理言论？是社交媒体自律，还是资本操控舆论？请发表看法。

致 谢

本书的前期策划、资料收集和部分章节撰写，得到了广州南方学院特聘教授、北江区块链研究院院长、华韶数据谷研究院院长、人民网新媒体智库顾问蓝云，羊城晚报社编委、羊城晚报新媒体编委会执行主任、金羊网总编辑孙朝方，南方报业传媒集团信息技术部陈良晓，广州日报大洋网原总编辑曹苏宁，广东奶酪投资基金股份有限公司品牌总监蓝云（女），羊城晚报社全媒体发布中心要闻编辑钟传芳，羊城晚报社全媒体采编中心"惠州文脉"项目负责人夏杨，湖南人民广播电台记者冉自春等同志的支持，在此深表感谢。

本书的出版，得到了广东人民出版社社长肖风华等领导的大力支持，责任编辑为本书提出了很多宝贵修改建议，编辑工作一丝不苟、求真务实，在此一并致谢。